Jakob Petersen

Wie wichtig ist Mobile Payment in Deutschland?

Über die Chancen und Risiken von elektronischen Bezahlverfahren

Bibliografische Information der Deutschen Nationalbibliothek:

Die Deutsche Nationalbibliothek verzeichnet diese Publikation in der Deutschen Nationalbibliografie; detaillierte bibliografische Daten sind im Internet über http://dnb.d-nb.de abrufbar.

Impressum:

Copyright © Science Factory 2020

Ein Imprint der GRIN Publishing GmbH, München

Druck und Bindung: Books on Demand GmbH, Norderstedt, Germany

Covergestaltung: GRIN Publishing GmbH

Inhaltsverzeichnis

Abkürzungsverzeichnis IV

Abbildungsverzeichnis V

1 Einleitung 1

    1.1 Relevanz der Thematik 1

    1.2 Zielsetzung der Arbeit 3

    1.3 Struktur der Arbeit 4

    1.4 Historie Bezahlmethoden 5

2 Mobile Payment 7

    2.1 Definition Mobile Payment 9

    2.2 Prozess Mobile Payment 12

    2.3 Nutzung Mobile Payment in Deutschland 15

    2.4 Nutzung Mobile Payment im Ländervergleich 19

    2.5 Anbieter 21

3 Mobile Payment aus Kundensicht 24

    3.1 Chancen des Mobile Payment aus Kundensicht 24

    3.2 Risiken der Nutzung des Mobile Payment aus Kundensicht 32

4 Weitere elektronische Bezahlverfahren 36

    4.1 Lastschriftverfahren 38

    4.2 Kartenzahlung (EC-/ Kreditkarte) 39

    4.3 PayPal 41

5 Vergleich der elektronischen Bezahlverfahren 44

    5.1 Bewertung 50

    5.2 Ausblick 50

    5.3 Fazit 51

Literaturverzeichnis 53

Abkürzungsverzeichnis

bzw.	beziehungsweise
GPS	Global Positioning System
NFC	Near Field Communication
PSP	Payment Service Provider
PC	Personal Computer
PoS	Point of Sale
RFID	Radio Frequency Identification
Vgl.	Vergleich
WiFi	Wireless Local Area Network
Zit.	Zitat

Abbildungsverzeichnis

Abbildung 1: Die Geschichte des Geldes seit 1945 6

Abbildung 2: Allgemeiner Überblick über die Zahlungsverkehrslandkarte 8

Abbildung 3: Matrix Mobile Endgeräte 11

Abbildung 4: Wertschöpfungskette Mobile Payment Selbsterstellte Abbildung in Anlehnung an Continus, Robin: Mobile Payment im Spannungsfeld von Ungewissheit und Notwendigkeit 12

Abbildung 5: Anzahl der weltweiten Mobile Payment-Nutzer 19

Abbildung 6: Mobile Payment-Erfolgsfaktoren aus Konsumenten-mit integrierter Händlerperspektiv / Selbsterstellte Abbildung in Anlehnung an Hierl, Ludwig: Mobile Payment 24

Abbildung 7: Kano-Modell der Kundenzufriedenheit 31

Abbildung 8: Zahlungsmittel und Zahlungsinstrumente Selbsterstellte Abbildung in Anlehnung an Hierl, Ludwig: Mobile Payment 36

Abbildung 9: Bedeutung der Kriterien von Zahlungsinstrumenten aus Nutzersicht 44

Abbildungsverzeichnis

1 Einleitung

Die vorliegende Bachelor-Arbeit ist eine vergleichende Analyse von Mobile Payment-Modellen und weiterer elektronischer Bezahlverfahren aus Kundensicht. Zunächst wird die Relevanz der Thematik aufgegriffen, um den aktuellen Bezug und die Attraktivität des Themas herauszustellen. Danach wird die Zielsetzung und die zu beantwortende Forschungsfrage festgehalten. Darauf folgend wird die Vorgehensweise des Argumentationsaufbaus zur Beantwortung der Forschungsfrage in der Struktur der Arbeit beschrieben. Anschließend wird die Historie der Bezahlmethoden dargestellt.

Anhand aktueller Entwicklungen des Mobile Payment aus Sicht großer Unternehmen, Händlern und aus Kundenperspektive stellen sich dem Verfasser grundlegende Fragen zur Entwicklung der Historie des Bezahlens.

1.1 Relevanz der Thematik

Eine Umstellung in der Verteilung der Bezahlmethoden ist seit Jahrzehnten weltweit in Entwicklung. Dazu gehört der stetige Prozess des Wandels vom traditionellem Bezahlen mit Bargeld zum Bezahlen mit elektronischem Geld.[1] Einhergehend mit dieser Umstellung ergeben sich sowohl Potenziale als auch Probleme aufseiten der Händler und der Benutzer.[2]

Das Mobiltelefon dient der sozialen Interaktion, als Informations- und Speichermedium und als Navigationssystem. Mobiles Bezahlen gehört bis dato in Deutschland nur bedingt zum Alltag.[3]

Die Voraussetzungen dafür sind jedoch vorhanden: Der Verkauf von Smartphones und Tablets steigt progressiv an und damit einhergehend auch die Nutzung des mobilen Internets. Technologien, wie beispielsweise Near-Field-Communication (NFC) und Quick-Response (QR) Codes, machen mobiles Bezahlen in der heutigen Zeit möglich. Der Einkauf über das Internet ist mittlerweile alltäglich. Nach einer Studie von PwC aus dem Jahr 2014

---

[1] Vgl. Hamzehloe, Parissa, 2014: Mobile Payment, S. 11
[2] Vgl. Hamzehloe, Parissa, 2014: Mobile Payment, S. 12
[3] Vgl. Hierl, Ludwig, 2017: Mobile Payment: Grundlagen – Strategien – Praxis, S. 5

verbreiten sich Payment-Applikationen (Payapps) in Deutschland allerdings nicht in dem erwarteten Ausmaß.[4] Diese Entwicklung fällt vor allem im internationalen Vergleich auf. „Die Entwicklungen der MP-Verfahren verlaufen in Europa im Gegensatz zu Asien und USA langsam".[5] Gründe für die zurückhaltende Nutzung des Mobile Payment in Deutschland sind unter anderem fehlende Informationen über die Bezahlmethodik und das daraus resultierende Misstrauen der Kunden.

In asiatischen und afrikanischen Ländern ist der soziale und ökonomische Durchbruch mit Mobile Payment gelungen und demzufolge wurden „bemerkenswert positive betriebs- und volkswirtschaftliche Effekte bei den anbietenden Unternehmen und den Ländern erzielt".[6]

Große Unternehmen wie Visa, Google, Apple, PayPal und weitere, traten in den Markt des Mobile Payment ein und generierten somit große Aufmerksamkeit für die Branche in der Gesellschaft. Die fortschreitenden Verkaufszahlen der Smartphones in den letzten Jahren wurden von Thomas Lernen als „Boom" bezeichnet und verdeutlichen die Marktdurchdringung der Smartphones und demonstrieren somit das Ausmaß potenzieller Kunden des Mobile Payment.[7]

Die Durchsetzung des Mobile Payment hat diverse Auswirkungen auf die Wirtschaft, die Politik und die Gesellschaft. Banken müssen sich anpassen und neue Vertriebsstrategien entwickeln. Die Politik ist gefordert, Rahmenbedingungen zu entwerfen und es gibt bereits Spekulationen, ob Bargeld langfristig abgeschafft werden kann.[8] Die Branche bezieht neue Marktteilnehmer, wie beispielsweise Telekommunikationsunternehmen, in einen Bereich mit ein, in dem in der Vergangenheit ausschließlich Banken agiert haben.[9]

---

[4] Vgl. PwC, 2014: Mobile Payment in Deutschland 2020
[5] Zit. Hamzehloe, Parissa, 2014: Mobile Payment, S. 59
[6] Vgl. Lerner, Thomas, 2013: Mobile Payment, S.1
[7] Vgl. Lerner, Thomas, 2013: Mobile Payment, S.2
[8] Vgl. Bartman, Dieter (o.A.): Die elektronische Geldbörse
[9] Vgl. Hamzehloe, Parissa, 2014: Mobile Payment, S. 23

Aus deutscher Kundensicht wird die Thematik jedoch mit Skepsis betrachtet. Bei einer Befragung von 1.400 Smartphone-Nutzern in Deutschland konnten sich ein Drittel der Befragten vorstellen, die Möglichkeiten des mobilen Bezahlens zu nutzen.[10] Dieses Ergebnis veranschaulicht das im Vergleich zu anderen Ländern geringe Interesse deutscher Smartphone-Nutzer am Mobile Payment. Daraus lässt sich die Frage ableiten: Worin bestehen die Eintrittsbarrieren und Risiken aus Kundensicht beim Mobile Payment? Wo liegen aus Kundensicht Chancen im Mobile Payment? Und weshalb findet noch keine Marktdurchdringung in Deutschland statt? Zudem stellt sich die Frage, weshalb der Großteil der deutschen Bevölkerung, trotz vorhandener Rahmenbedingungen für Mobile Payment, auf konservative Bezahlmethoden wie Bargeld, Debit- oder Kreditkarten zurückgreift.[11]

„Nach einer Studie des Steinbeis Research verfügt Mobile Payment in Europa über ein enormes Marktpotenzial, das bis 2020 ca. 1,8 Milliarden Euro betragen wird."[12] PwC hat eine ähnliche Prognose für das Jahr 2020 erstellt und kam auf den Betrag von 500 Millionen Euro Umsatz.[13] Laut dieser Prognosen wird ein Marktdurchbruch stattfinden.

1.2 Zielsetzung der Arbeit

Die primäre Zielsetzung dieser Arbeit ist die Erörterung, weshalb Mobile Payment in Deutschland nur bedingt akzeptiert wird und aus diesen Erkenntnissen die Chancen und Risiken von Mobile Payment aus Kundensicht zu ermitteln. Zusätzlich werden Mobile Payment-Modelle mit weiteren elektronischen Bezahlverfahren verglichen und Chancen und Risiken der einzelnen Bezahlverfahren gegenübergestellt um herauszufinden, weshalb der Großteil der deutschen Bevölkerung Mobile Payment nicht verwendet und bislang auf andere elektronische Bezahlverfahren zurückgreift. In dieser Arbeit wird das Hauptaugenmerk auf die Sicht der Kunden auf diese Thematik gelegt.

---

[10] Vgl. kreditkarte.net (o.A.): Mobile Payment – Deutscher Handel, quo vadis?
[11] Vgl. kreditkarte.net (o.A.): Mobile Payment – Deutscher Handel, quo vadis?
[12] Vgl. Hamzehloe, Parissa, 2014: Mobile Payment, S. 20
[13] Vgl. PwC, 2014: Mobile Payment in Deutschland 2020

In diesem Kontext lautet die zu belegende oder zu widerlegende These für die Arbeit: Die größte Eintrittsbarriere aus Sicht deutscher Kunden zum Mobile Payment ist die vermeintlich fehlende Sicherheit der Bezahlmethode. Diese wird anhand folgender Forschungsfragen untersucht: Was muss der Markt dem Kunden bieten, um in Deutschland Mobile Payment als Bezahlmethode durchzusetzen?

1.3 Struktur der Arbeit

Die vorliegende Bachelorarbeit ist in fünf Kapitel aufgeteilt. Das erste Kapitel beinhaltet die Einleitung in die Thematik, die Relevanz des Themas, die Zielsetzung der Arbeit, die Struktur und letztlich die Historie von Bezahlmethoden. Das erste Kapitel zeigt den Hintergrund der Arbeit auf und leitet in das Thema Mobile Payment ein. Im zweiten Kapitel wird das Hauptaugenmerk auf Mobile Payment gerichtet, beginnend damit, dass der Begriff „Mobile Payment" definiert, erklärt und beschrieben wird. Darauffolgend wird der Prozess der Bezahlmethode erläutert und dargestellt. Um einen Überblick über die Nutzung in Deutschland zu erlangen, wird diesem Punkt ein untergeordnetes Kapitel gewidmet. Anschließend wird ein Ländervergleich die verschiedenen Ist-Zustände in der Branche verdeutlichen und eine Anbieterübersicht Aufschluss darüber geben, welche Mobile Payment-Anbieter in Deutschland vertreten sind.

Im Hauptteil wird zunächst die Nutzung des Mobile Payment generell aus Kundensicht dargelegt. Anschließend werden jeweils die Chancen und Risiken der Nutzung des Mobile Payment aus Kundensicht betrachtet, um Eintrittsbarrieren und Eintrittschancen zu definieren und das geringe Nutzerverhalten im Bereich Mobile Payment in Deutschland zu erklären.

Um Mobile Payment mit weiteren elektronischen Bezahlverfahren vergleichen zu können, werden nun beispielhaft einzelne elektronische Bezahlmethoden beschrieben und analysiert.

Im Schlussteil werden alle genannten Bezahlmethoden miteinander verglichen und Vor- und Nachteile der einzelnen Modelle herausgestellt. In der danach folgenden Bewertung wird die persönliche Meinung des Verfassers zu dem Thema dargelegt. Der Ausblick zeigt auf, wie sich in den nächsten Jahren nach Prognosen und Forschungen diese Thematik der elektronischen Bezahlverfahren weiterentwickeln könnte. Im Fazit werden die relevantesten Ergebnisse der Arbeit zusammengefasst. Außerdem wird die Forschungsfrage beantwortet.

1.4 Historie Bezahlmethoden

Mitte des 18. Jahrhunderts hat sich das Bezahlen mit Bargeld in Form von Munzen und Banknoten durchgesetzt. Mit der Entwicklung der Technik wahrend und nach der Industrialisierung wurde es möglich, Geld nicht mehr an eine „physische Entität" zu binden.[14] Der Handel fand in Form von elektronischem Datenaustausch statt. Eine elektronische Bezahlmethode wurde generiert. Die elektronischen Bezahlmethoden mit der höchsten Akzeptanz sind aktuell EC- und Kreditkarten.

Im Zuge der Digitalisierung entstanden weitere elektronische Bezahlmethoden. „Der Begriff Digitalisierung bezeichnet im Allgemeinen die Veränderungen von Prozessen, Objekten und Ereignissen, welche bei einer zunehmenden Nutzung von digitalen Geräten erfolgt. Dies bedeutet im engeren Sinne die Erstellung digitaler Repräsentationen von physischen Objekten, von Ereignissen oder analoger Medien."[15] Die Veränderung im Bereich des Bezahlens macht sich durch neuartige elektronische Bezahlmethoden, wie zum Beispiel Mobile Payment, kenntlich. Es gibt diverse Variationen von digitalen Bezahlmethoden. Beispielsweise ist es möglich, elektronisches Geld zu erwerben, das auf einem elektronischen Endgerät des Verbrauchers gehalten wird. Der Geldbetrag wurde zuvor erworben und wird bei einer Transaktion um den fälligen Betrag verringert.[16] In der folgenden Abbildung sind die Meilensteine des Bezahlens ab 1945 sichtbar:

---

[14] Zit. Hamzehloe, Parissa, 2014: Mobile Payment, S. 11
[15] Zit. Gründerszene (o.A.): Digitalisierung
[16] Vgl. Bartman, Dieter (o.A.): Die elektronische Geldbörse

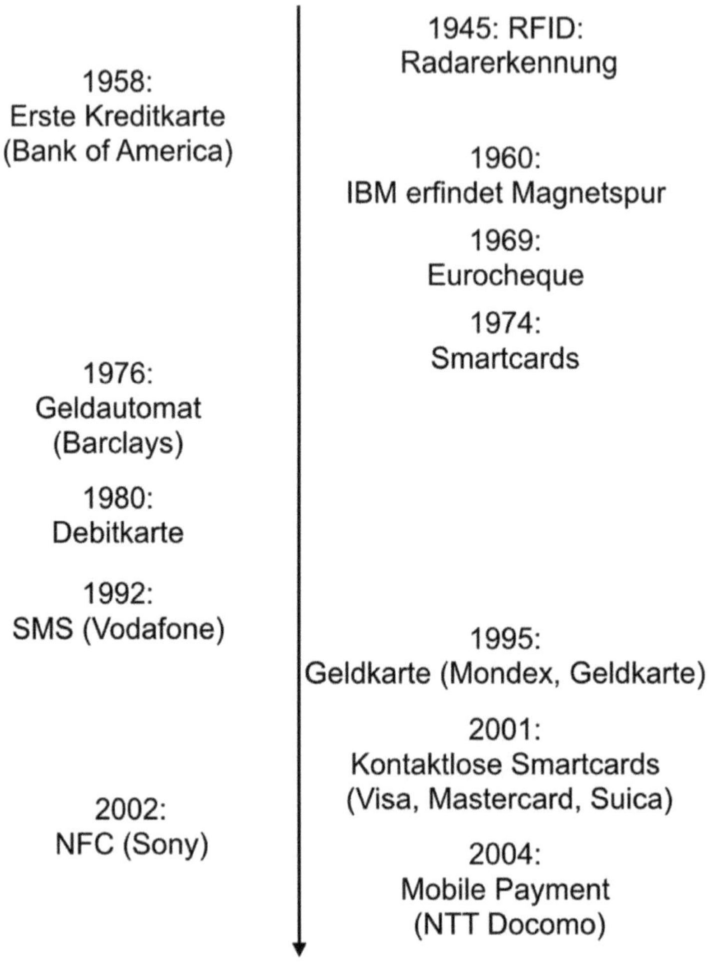

Die Geschichte des Geldes seit 1945

1958:
Erste Kreditkarte
(Bank of America)

1976:
Geldautomat
(Barclays)

1980:
Debitkarte

1992:
SMS (Vodafone)

2002:
NFC (Sony)

1945: RFID:
Radarerkennung

1960:
IBM erfindet Magnetspur

1969:
Eurocheque

1974:
Smartcards

1995:
Geldkarte (Mondex, Geldkarte)

2001:
Kontaktlose Smartcards
(Visa, Mastercard, Suica)

2004:
Mobile Payment
(NTT Docomo)

Abbildung 1: Die Geschichte des Geldes seit 1945
Selbsterstellte Abbildung in Anlehnung an Lerner, Thomas: Mobile Payment

2 Mobile Payment

Mobile Payment bezeichnet ein Zahlungsverfahren, das auf der Verwendung des Mobiltelefons basiert. Bei dieser Bezahlmethode stehen die Flexibilität und Mobilität der Verbraucher im Vordergrund.[17] Die Zahlungsmethode gehört zur Kategorie des E-Payment und hat die Funktionalität eines E-Payment-Systems. Über Mobiltelefone, Smartphones und weitere elektronische Endgeräte entstehen neue Möglichkeiten von Bezahldiensten und ein modernisierter Zugriff auf Bankkonten.[18] Der Zahlungspflichtige nutzt für die „Initiierung, Autorisierung und Realisierung des Zahlungsvorganges sein mobiles Endgerät".[19] Diese Zahlungsmethode kann für Einkäufe im Internet und für Transaktionen am PoS (Point of Sale) genutzt werden. Seit Ende der 1990er Jahre bestand das allgemeine Anliegen, das Mobiltelefon für Bezahlvorgänge zu nutzen.[20] Abbildung 2 veranschaulicht die Marktteilnehmer im mobilen Zahlungsverkehr:

---

[17] Vgl. Henkel, Joachim (2002): Mobile Commerce
[18] Vgl. Hamzehloe, Parissa, 2014: Mobile Payment S. 21
[19] Zit. Hamzehloe, Parissa, 2014: Mobile Payment S. 22
[20] Vgl. kreditkarte.net (o.A.): Mobile Payment – Deutscher Handel, quo vadis?

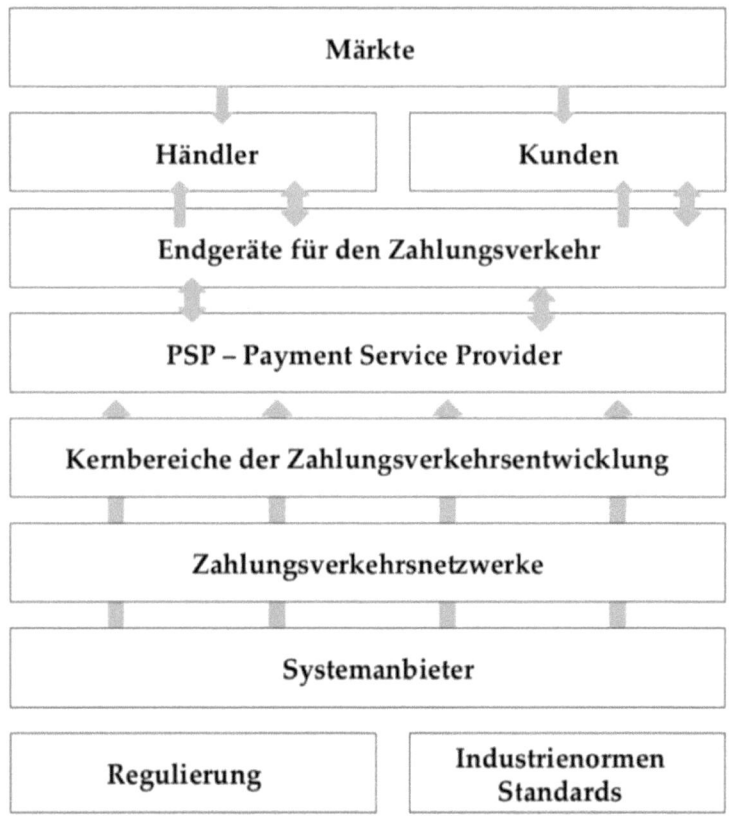

Abbildung 2: Allgemeiner Überblick über die Zahlungsverkehrslandkarte

Im Kapitel Mobile Payment wird der Begriff Mobile Payment definiert, weitere damit zusammenhängende Begriffe erläutert und in die vorhandenen E-Commerce (elektronische Geschäftsabwicklung)- Zahlungsvarianten eingeordnet. Anschließend wird der Prozess hinter dem Mobile Payment erklärt. Zudem wird ein technologischer Einblick die Systematik der Zahlungsmethode verdeutlichen und einen groben Überblick über die aktuell verwendete Technik geben. Darauffolgend wird die Nutzung von Mobile Payment in Deutschland analysiert. Um die Nutzung von Mobile Payment aus Kundensicht in Deutschland mit anderen Ländern vergleichen zu können, wird ein Ländervergleich internationale Gemeinsamkeiten und Unterschiede in der

Branche sichtbar machen. Außerdem wird analysiert, welche Länder am fortschrittlichsten in diesem Bereich sind und weshalb das so ist.

2.1 Definition Mobile Payment

„Durchführung von Zahlungen über Mobiltelefone/Smartphones. Dabei wird grundsätzlich unterschieden zwischen Zahlungen, die in räumlicher Nähe zum Zahlungsempfänger (z.b. Zahlungen in den Räumlichkeiten des Händlers) ausgeführt werden und solchen, die in räumlicher Distanz zum Empfänger ausgeführt werden (z.b. Zahlungen im Onlinehandel). Die Transaktion kann im Hintergrund über klassische Zahlungsinstrumente wie z.b. Überweisung, Lastschrift, Kartenzahlung oder E-Geld-Zahlung abgewickelt werden."[21] Diese Definition unterteilt Mobile Payment nach der Bezahlung in der Räumlichkeit am Point of Sale und im Onlinehandel.

Mobile Payment wird in vier Kernbereiche unterteilt: Zum einen in die Zahlung virtueller Güter, die in virtuelle Währungen und Carrier Billing aufzuteilen sind.

Virtuelle Währungen sind „digitale Darstellungen von Werten, die nicht von einer Zentralbank, einem Kreditinstitut oder einem E-Geldinstitut herausgeben" werden (Beispiel: Bitcoin, Ripple).[22] Carrier Billing beschreibt das elektronische Bezahlen über die Telefonrechnung.

Diese Güter haben einen verhältnismäßig niedrigen Transaktionswert, bei dem die Nutzung von EC-/Kreditkarten nicht erforderlich ist. Filme, Musik und Software sind hierfür Beispiele. Der zweite Kernbereich ist Electronic-/Mobile Commerce. Unterkategorien dieses Bereiches sind Mobile Wallet (Geldbörse/ Konto, auf dem Geld und Kontodaten gespeichert sind), Prepaid-Karten (elektronische Geldkonten) und Bank-Transfer-Services (spezielle Bankdienstleistungen). Dieser Bereich ist durch die sichere Nutzung und das einfache Kundenerlebnis gekennzeichnet. Beispiele hierfür sind Güter, Dienstleistungen und Reiseservices.

---

[21] Vgl. Metzger, Jochen (o.A.): Mobile Zahlungen
[22] Vgl. Metzger, Jochen (o.A.): Virtuelle Währung

Der dritte Kernbereich sind die Nahzahlungen. Zahlungen werden hierbei kontaktlos mit mobilen Smartcards oder Apps getätigt. Gekauft werden auf diese Art meist niedrigpreisige Produkte oder Dienstleistungen. Positive Aspekte dieser Methode sind zum einen der „bequeme" Zahlungsprozess, die schnelle Abwicklung der Transaktion und der Geldersatz. Zu berücksichtigen ist, dass positive Aspekte der Bezahlmethoden individuell zu bewerten sind. Teilgebiete der Nahzahlungen sind zum einen Mobile NFC (Near Field Communication). Mobilfunkbetreiber, Endgerätehersteller und Händler einigten sich auf einen NFC-Standard. Ein weiteres Teilgebiet ist die kontaktlose Smartcard. Diese wird mittels einer RFID-Technik beim Bezahlvorgang am Lesegerät der Kasse ausgelesen und somit autorisiert. Eine weitere Variante des Mobile Payment ist der Mobile Barcode/ SMS. Beispielsweise wird dieser Dienst für Zahlungen von Parkgebühren oder zum Bezahlen der Straßenmaut benutzt. Der vierte Kernbereich bedient die mobile Geldübertragung zwischen Personen (nationale/internationale Geldübertragungen). Positive Aspekte der Nutzung des Mobile Payment zwischen Personen ist der Ersatz von Geld und Schecks. Zudem ist ein Bankzugang für den Kunden nicht erforderlich.[23]

Mobile Endgeräte sind grundsätzlich durch eine Kommunikationsfunktion verknüpft. So besteht die Möglichkeit, Sprache oder Daten auszutauschen. Zur Kategorisierung der mobilen Endgeräte sind drei Attribute entscheidend: Lokalisierbarkeit, Erreichbarkeit und Ortsunabhängigkeit.

Durch Funkverfahren, wie GPS, Wifi oder ähnliche, ist die Lokalisierbarkeit der mobilen Endgeräte garantiert. Führt der Konsument das mobile Endgerät mit sich, generiert er eine Ortsunabhängigkeit. Erreichbarkeit entsteht allein durch den technischen Aspekt der mobilen Endgeräte, dass die Funktion der Erreichbarkeit potenziell gegeben ist. Zudem zählt zu diesem Punkt die Erreichbarkeit des Verbrauchers.[24]

---

[23] Vgl. Lerner, Thomas, 2013: Mobile Payment, S. 10ff
[24] Vgl. Bachler, Alexandra, 2014: Offline-Sein als Bedürfnis

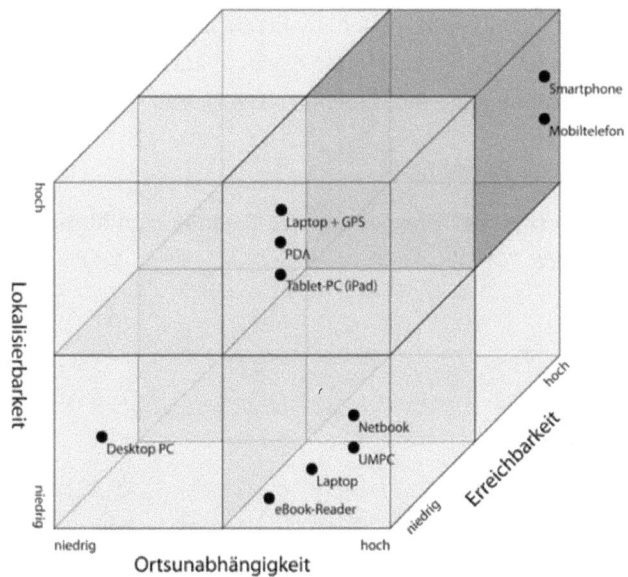

Abbildung 3: Matrix Mobile Endgeräte

Neuartige mobile Endgeräte, wie beispielsweise eine Smartwatch, ein Smartglass, ein Phablet oder ein Wristband, konnten zum Erstellungszeitpunkt der Matrix nicht berücksichtigt werden. Das Phablet, eine Kombination aus Smartphone und Tablet, würde in der Matrix zwischen Smartphone und Mobiltelefon positioniert werden. Die Smartwatch wäre gemeinsam mit dem Smartglass, eine Datenbrille, in der Abbildung einen Kasten unter dem Mobiltelefon (hohe Erreichbarkeit, hohe Ortsunabhängigkeit, mittlere Lokalisierbarkeit) positioniert. Das Wristband würde seine Position bei der höchsten Ortsunabhängigkeit, einer niedrigen Lokalisierbarkeit und einer mittleren Erreichbarkeit finden.

Eine Auffälligkeit der Matrix ist die hohe Flexibilität des Smartphones in allen Bereichen (hohe Lokalisierbarkeit, hohe Erreichbarkeit und hohe Ortsunabhängigkeit). Demzufolge ist das Mobile Payment am ehesten auf die mobilen Endgeräte Smartphone und Mobiltelefon ausgerichtet.[25]

2.2 Prozess Mobile Payment

Im Folgenden werden der Prozess und die Technologien hinter dem Mobile Payment erläutert:

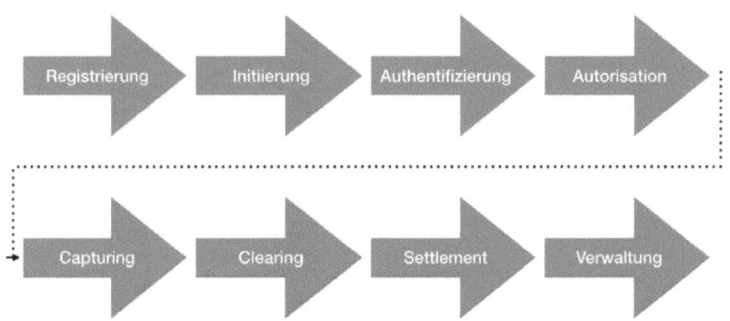

Abbildung 4: Wertschöpfungskette Mobile Payment Selbsterstellte Abbildung in Anlehnung an Continus, Robin: Mobile Payment im Spannungsfeld von Ungewissheit und Notwendigkeit

Der erste Schritt der Registrierung ist in diesem Zusammenhang ein Synonym für Kundenakquise und beschreibt den Zeitpunkt, an dem Händler und Konsument als Kunde der Mobile Payment-Plattform gewonnen wurden. Dieser Schritt ist deswegen nicht zu unterschätzen, „da das Erreichen einer kritischen Masse als einer der Hauptfaktoren für die Einführung eines Zahlungsverfahrens gilt".[26] Im nächsten Schritt, bei der Initiierung, wird eine elektronische Vernetzung zwischen Mobile Payment-Anbieter, Händler und Konsument erstellt. Transaktionsdaten, Authentifizierungs- und Autorisationsdaten werden hier übertragen.

---

[25] Vgl. Bachler, Alexandra, 2014: Offline-Sein als Bedürfnis
[26] Zit. Continus, Robin, o.A.: Mobile Payment im Spannungsfeld von Ungewissheit und Notwendigkeit S. 61

Die zentrale Aktivität innerhalb der Wertschöpfungskette ist die Authentifizierung. Diese Aktivität wird immer vom Mobile Payment-Partner durchgeführt. Bei den meisten Anbietern führen die Kunden die Authentifizierung durch die Verwendung einer PIN durch. Bei der Autorisation wird die Transaktion durch den Payment-Anbieter genehmigt oder verwehrt. Anbieter von Mobile Payment-Modellen stehen vor der Wahl, die Autorisierung selbst durchzuführen oder diese durch IT-Partner durchführen zu lassen. Mobile Payment-Anbieter müssen über Zahlungsgarantie und Ausfallrisiko Lösungen entwickeln. Abhängig von den Zahlungsbeträgen ist die Zahlungsautorisierung in den meisten Fällen unterschiedlich. Unterschieden wird hier in Micro Payment (Zahlungsverfahren geringer Summen) und Macro Payment (Zahlungen, die eine festgelegte Höhe überschreiten).

„Unter Capturing ist das systemseitige Erfassen der Transaktion in einer Datenbank zu verstehen".[27] Clearing beschreibt den Prozess der Übertragung der Daten und teilweise der Bestätigung. Dies beinhaltet unter anderem den Austausch der Zahlungsdaten. Settlement beschreibt die eigentliche Zahlung (Ausgleich der monetären Verpflichtungen) der aus dem Clearing fälligen Beträge.

Im letzten Schritt, der Verwaltung, wird die Rechnung erstellt und den beteiligten Parteien zugeschrieben. Beispielsweise erhält der Endkunde eine Bestätigungsnachricht für die erfolgreiche Abwicklung der Transaktion.[28]

Technologie Mobile Payment:

„Near Field Communication (NFC) ist ein Übertragungsstandard für den kontaktlosen Austausch von Nachrichten und Daten über eine Distanz von 3 bis 10 cm."[29] Diese Methode, die von Sony und Philips entwickelt wurde, kann für mobiles Bezahlen eingesetzt werden. NFC basiert auf der RFID-Technologie (Radio Frequency Identification). Dies ist eine funkbasierte

---

[27] Zit. Continus, Robin, o.A.: Mobile Payment im Spannungsfeld von Ungewissheit und Notwendigkeit
[28] Vgl. Continus, Robin, o.A.: Mobile Payment im Spannungsfeld von Ungewissheit und Notwendigkeit
[29] Vgl. Hamzehloe, Parissa, 2014: Mobile Payment, S. 32

Übertragungstechnologie, die es möglich macht, Personen oder Gegenstände eindeutig identifizieren zu können. Ein RFID-System beinhaltet mindestens drei Komponenten: Einen Transponder, der Signale aufnimmt, ein Lesegerät und einen Controller (PC). Der Transponder kommuniziert über hochfrequente elektromagnetische Wechselfelder mit dem Lesegerät. Mobile Payment kann mit NFC über zwei verschieden Varianten erfolgen. Zum einen das Bezahlen über einen Sticker, welcher auf das Smartphone geklebt wird (NFC-Sticker) oder über ein Smartphone mit integrierter NFC-Technologie.

Bluetooth Low Energy (BLE) ist eine Erweiterung der Bluetooth-Technologie. Bluetooth ist zum heutigen Zeitpunkt eine Standard-Technologie, die es mobilen Endgeräten möglich macht, kleine Datenmengen über eine Distanz von bis zu 100 Metern über Radiofrequenzen zu übertragen. Eine Besonderheit der Erweiterung BLE ist der geringe Stromverbrauch. BLE unterscheidet sich von NFC in diversen Punkten: BLE überträgt Ortsinformationen im Gegensatz zu NFC, das Zahlungsinformationen versendet. Die Reichweite von BLE ist größer als die von NFC. NFC erreicht maximal eine Reichweite von 20 Zentimetern. BLE wird im Vergleich zu der geringeren Menge an NFC-fähigen Endgeräten von weitaus mehr Endgeräten unterstützt. NFC gewährleistet eine höhere Sicherheit im Vergleich zu BLE.

Der Quick Response-Code (QR-Code) wird ebenfalls im Mobile Payment eingesetzt. Diese Technologie baut auf der Systematik des Barcodes auf. Ein Quick Response-Code ist in der Regel zweidimensional und fasst schwarze Muster in einem quadratischen Bild zusammen. In diesem Code können verschlüsselte Informationen, Buchstaben, Zahlen, Elemente und Zusatzdaten verborgen sein. Payback Pay arbeitet beispielsweise mit dieser Technologie, um Loyalitätspunkte in Verbindung mit der Mobile Payment-Lösung anbieten zu können. Der Vorteil dieser Technologie ist, dass sie von allen Smartphones benutzt werden kann. Die NFC-Technologie kann beispielsweise nur von NFC-fähigen Geräten oder elektronischen Endgeräten mit NFC-Sticker verwendet werden. Der QR-Code wird am PoS vom Lesegerät eingescannt, von dem aus die erforderlichen Daten des Käufers gesendet werden. Bei dem erfolgreichen Ablauf der Wertschöpfungskette des Mobile Payment findet die Transaktion statt.

Zu neuartigen Technologien im Bereich des Mobile Payment gehört beispielsweise Cloud Computing. „Die erforderliche Soft- und Hardware wird von den Anbietern über das Internet den Kunden zur Verfügung gestellt."[30] Der Endverbraucher benötigt lediglich ein internetfähiges Gerät und den Zugang zum Internet, um Mobile Payment nutzen zu können. Diverse Kreditkartenanbieter bieten ihren Kunden einen zusätzlichen Service über cloudbasierte Mobile Payment-Modelle seit 2014 an. Die Technologie nutzt das Tan-Verfahren. Bei dieser Systematik lädt der Konsument eine Applikation aus dem Internet auf sein Endgerät. Nachdem die notwendigen Informationen zur Registrierung ausgefüllt wurden, kann der Konsument am Point of Sale eine TAN (Transaktionsnummer) anfordern, die nur eine begrenzte Zeit und nur in der Umgebung des PoS gültig ist. Der Verkäufer gibt die TAN in das Kassensystem ein. Nach einem erfolgreichen Prozess der Wertschöpfungskette wird die Zahlung legitimiert. Netto Markt-Discounter verwenden diese Technologie bereits.

Eine weitere Technologie, mit der Mobile Payment betrieben wird, ist die Short Message Service-Technologie (SMS-Technologie). Diese Methode nutzt das GSM-Netz. Hierbei werden Abrechnungen im Micro-Payment über das SMS-Verfahren angeboten. Dieses Verfahren lautet Premium SMS und wird von der monatlichen Mobilfunkabrechnung abgezogen. Diese Methode wird beispielsweise zum Bezahlen von Parkgebühren oder von Lieferdiensten verwendet.[31]

2.3 Nutzung Mobile Payment in Deutschland

Mobile Payment ist in Deutschland nach Studien, wie der EHI-Studie „Kartengestützte Zahlungssysteme" aus dem Jahr 2018 „nach wie vor irrelevant" (Zahlungen im stationären Handel).[32] Der Umsatzanteil des Bargelds im stationären Handel verringerte sich bis 2017 und machte lediglich 50% des Gesamtumsatzes der in der Studie berücksichtigten Zahlungsmethoden aus.

---

[30] Zit. Hamzehloe, Parissa, 2014: Mobile Payment, S. 35
[31] Vgl. Hamzehloe, Parissa, 2014: Mobile Payment S. 37
[32] Zit. Gs1 Germany, o.A.: Mobile Payment & SEPA Instant Payments

46,9% verteilten sich auf Kartenzahlungen, wie beispielsweise Girocard, Kreditkarten oder Handelskarten. Der Anteil der Rechnungskäufe im stationären Handel betrug 2017 2,5% des Gesamtumsatzes. Sonstige Zahlungsarten erreichten einen Prozentanteil von 0,6%. Nach Prognosen wird Bargeldnutzung in den nächsten fünf Jahren nach wie vor bei Beträgen unter 30 Euro die dominierende Zahlungsart sein, obwohl die Transaktionsanteile des Bargelds sukzessiv sinken. Der Durchbruch des Mobile Payment in Deutschland bleibt bis dato aus. „Die starke Fragmentierung des Angebots erschwert den Durchbruch".[33] Payback Pay hat aktuell die größte Reichweite und verfügt über acht Partnerhändler: Aral, DM, Galeria Kaufhof, Real, Rewe, Alnatura, Tee Gschwendner und Thalia. Außerdem existieren hauseigene Mobile Payment-Lösungen beispielsweise bei Edeka, McDonalds, Netto, Starbucks und Vapiano. Die Deutsche Bank und das Tochterunternehmen Postbank arbeiten gemeinsam an einer bankenübergreifenden girocard Mobile Payment-Lösung. Deutsche Händler sind überzeugt, dass die neuen Zahlungsverfahren den Zahlvorgang beschleunigen und nicht verlangsamen werden.[34] Am Beispiel Payback Pay lässt sich die schnelle Performance mittels QR-Code oder NFC-Verfahren demonstrieren. Die Geschwindigkeit im Bezahlprozess ist ein großer Erfolgsfaktor in zukünftigen Bezahlverfahren. Im Rahmen einer Expertenumfrage von GS1 Germany für die Studie „Mobile in Retail 2017", bei der Händler, Banken und Zahlungsanbieter befragt wurden, stellten sich drei Erfolgsfaktoren für Mobile Payment in Deutschland heraus. Eine flächendeckende Akzeptanz der Bezahlmethode verlangt die Gewährleistung von Sicherheit und Datenschutz und den kostenfreien Zugang zu Mobile Payment. Um diese drei Erfolgsfaktoren zu garantieren, muss nach Erkenntnissen der Studie „Mobile in Retail 2017" einheitlicher technischer und funktioneller Standard etabliert werden. Um Mobile Payment erfolgreich in Deutschland durchsetzen zu können, sollen alle beteiligten Stakeholder, Händler, Banken, Zahlungsdienstleister, Telekommunikationsunternehmen, intensiv zusammenarbeiten, um eine standardisierte Lösung zu entwickeln. Die Ergebnisse der Studie haben zudem gezeigt, dass Händler die zahlreichen Mobile

---

[33] Zit. Gs1 Germany, o.A.: Mobile Payment & SEPA Instant Payments
[34] Vgl. Gs1 Germany, o.A.: Mobile Payment & SEPA Instant Payments

Payment-Modelle bemängeln, da diese in der breiten Masse nicht durchgesetzt werden können. Technologien und Mobile Payment-Lösungen seien zu komplex und werden daher vom Kunden nicht akzeptiert. Positiver Aspekt aus Händlersicht ist die hohe Verbreitung von NFC-Terminals, die eine gute Ausgangsbasis für das Mobile Payment darstellt. Nach Einschätzung der Händler und Dienstleister, werden im Jahr 2020 zwischen 10% und 25% der Kunden unregelmäßig mit Mobile Payment-Modellen bezahlen. Mobile Payment wird sich nach der Studie besonders an Tankstellen, im Lebensmitteleinzelhandel, in der Gastronomie und in Drogeriemärkten durchsetzen. Befragte Experten erwarten zunächst die Entwicklung auf dem Smartphone visualisierter Kreditkarten, die sogenannte „Wallet"-Funktion.

Um Mobile Payment zum Marktdurchbruch zu führen, ist es nach Studien von kreditkarte.net essentiell, den Verbrauchern einen hilfreichen Mehrwert zu bieten. Potentielle Mehrwerte sind zum einen: keine PIN-Eingabe, leichte Nutzung und schnellerer Bezahlvorgang. Nachteile sind beispielsweise: Bedenken bezüglich des Datenverlustes und Sicherheit. Nur ein geringer Anteil von 24% der Befragten halten Mobile Payment für sicher.[35] Dieser Faktor ist nach Vermutungen der Stärkste, weshalb Mobile Payment sich in Deutschland nicht durchsetzt.

Zu Mobile Payment gehören außerdem mobile Zahlungen im E-Commerce und bei der Verwendung von Applikationen. Ein Beispiel hierfür ist die Online-Plattform Zalando. 2017 erfolgten 70,7% der Aufrufe des Onlineshops über Mobiltelefone. Das demonstriert die weite Verbreitung des Mobile Payment auch im E-Commerce.[36]

2.3.1 Zielgruppenanalyse

Im Rahmen einer Studie des deutschen Online-Portals zur Daten- und Markterhebung statista, wurde im Jahr 2016 eine Umfrage zur Differenzierung des mobilen Bezahlens in unterschiedlichen Altersklassen durchgeführt. Befragt wurden Personen in den Altersklassen 18 bis 29 Jahre, 30 bis

---

[35] Vgl. kreditkarte.net (o.A.): Mobile Payment – Deutscher Handel, quo vadis?
[36] Vgl. Gs1 Germany, o.A.: Mobile Payment & SEPA Instant Payments

49 Jahre und 50+ zum Thema bargeldloses Bezahlen mit dem Smartphone oder Tablet.

In der Gruppe der 18 bis 29-Jährigen bestätigten 5% die regelmäßige Nutzung des Smartphones oder Tablets zur Begleichung ihrer Rechnungen, wohingegen nur 2% der 30 bis 49-Jährigen und 1% der Befragten 50+ angaben, diese Zahlungsmethode regelmäßig zu nutzen.

Nur unregelmäßig zahlen 14% der 18 bis 29-Jährigen, 19% der 30 bis 49-Jährigen und 4% der Gruppe 50+ mit dem Smartphone oder Tablet.

Eine grundsätzliche Bereitschaft gaben von den Befragten, die bislang noch nie bargeldlos mit dem Smartphone oder Tablet bezahlt haben, 40% der 18 bis 29-Jährigen, 39% der 30 bis 49-Jährigen und 30% der über Fünfzigjährigen, an.

Eine ablehnende Haltung zeigten 41% der 18 bis 29-Jährigen, 48% der 30 bis 49-Jährigen und 63% der über Fünfzigjährigen.[37]

---

[37] Vgl. statista, 2019: Haben Sie schon einmal bargeldlos mit Ihrem Smartphone/Tablet bezahlt?

2.4 Nutzung Mobile Payment im Ländervergleich

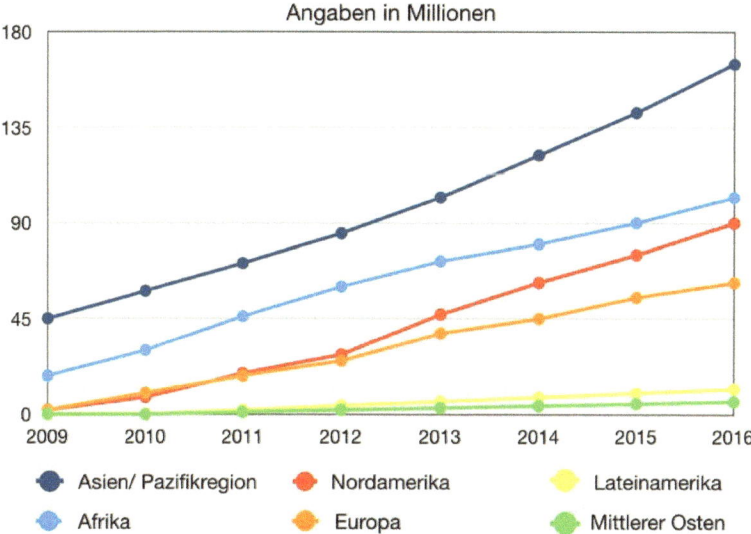

Abbildung 5: Anzahl der weltweiten Mobile Payment-Nutzer
Selbsterstellte Abbildung in Anlehnung an Garnter/ Techcrunch/ kreditkarte.net: Mobile Payment

In Abbildung 5 wird die Anzahl der Mobile Payment-Nutzer weltweit dargestellt. Offensichtlich ist, dass Asien und die Pazifikregion sich mit 163,6 Millionen Nutzern überdurchschnittlich vom Rest abheben. Darauf folgt Afrika mit über 100 Millionen Nutzern und Nordamerika mit ungefähr 88 Millionen Nutzern. Auffällig ist die im Vergleich zu Asien und der Pazifikregion geringe Nutzerzahl in Europa mit ungefähr 65 Millionen Nutzern.[38]

Innerhalb von Europa schneidet die Türkei mit den höchsten Nutzerzahlen (91%) im Vergleich zu den übrigen EU-Ländern ab. Besonders auffällig in der Nutzerverteilung in Europa ist, dass südeuropäische Staaten, wie Frankreich, Spanien, die Schweiz, Österreich oder Italien Mobile Payment im Durchschnitt weniger nutzen, als nordeuropäische Staaten wie Dänemark,

---

[38] Vgl. kreditkarte.net (o.A.): Mobile Payment – Deutscher Handel, quo vadis?

Norwegen oder Schweden. Deutschland schneidet in Gesamteuropa mit der geringsten Nutzerzahl im Vergleich zu anderen europäischen Ländern mit 59% ab.[39]

Studien belegen, dass die Marktakzeptanz in asiatischen Ländern weitaus höher ist, als auf anderen Kontinenten (siehe Abbildung 5). Den Grundstein legte Japan zum Zeitpunkt der Technologieentwicklung innerhalb der 1990er Jahre und bot die Grundlage für die mobile Internetnutzung und für zukünftiges mobiles Bezahlen. Verbraucher in Asien begegnen technologischen Innovationen, speziell im Bereich „Smartphone" offener und vertrauensvoller, da diese oft auf ihrem Kontinent entwickelt wurden. Nach Berichten wurden bereits im Jahr 2012 in Japan monatlich ca. 200 Millionen Mobile Payment-Transaktionen durchgeführt.[40]

Südkorea hat die Technologie übernommen und sie fand schnell Akzeptanz in der Gesellschaft. 2014 haben chinesische Banken ein Wachstum von 213% zum Vorjahr erwirtschaftet, begründet durch die Verbreitung von Mobile Payment. Doch auch bei einem großem Nutzeranteil gibt es Probleme in Bezug auf die Sicherheit. Im Jahr 2014 forderte Chinas Zentralbank zwei Internetprovider dazu auf, Mobile Payment-Transaktion ab dem Zeitpunkt der Bekanntmachung zu stoppen. Dies demonstriert die Risiken und Unsicherheiten der Branche Mobile Payment weltweit.[41]

Alipay und We Chat Pay erreichen einen Marktanteil von 56,1% in China. We Chat funktioniert wie ein standardisierter Messenger mit integriertem Mobile Payment-System. Ein Vorteil gegenüber anderen Anbietern ist die hohe Nutzerbasis. Vergleichbar zu Deutschland wäre Alipay oder We Chat Pay in China zu einem Mobile Payment-System über Whatsapp oder den Facebook Messenger in Deutschland.

In den USA ist die Mobile Payment-Technologie seltener vertreten als in China, die Ausgangssituation ist jedoch ähnlich. Innovative Geschäftsmodelle und neue Technologien werden in den USA veröffentlicht und auch genutzt.

---

[39] Vgl. kreditkarte.net (o.A.): Mobile Payment – Deutscher Handel, quo vadis?
[40] Vgl. Hamzehloe, Parissa, 2014: Mobile Payment, S. 57
[41] Vgl. Hamzehloe, Parissa, 2014: Mobile Payment, S. 57

Die USA setzen ihren Fokus auf webbasierte Mobile Payment-Technologien, wie den QR-Code in Kombination mit cloudbasierten digitalen Bezahlsystemen. „Zahlungsdienstleistungen, Mobilfunkunternehmen, Internetbetreiber und Abrechnungsbanken" setzen auf eine Erweiterung des Produktportfolios, welche Mobile Payment inkludiert und dem Endverbraucher mit dieser elektronischen Bezahlmethode einen Zusatznutzen suggeriert und dementsprechend Aufmerksamkeit für die Branche verschafft.[42]

In Europa verlaufen die Entwicklungen des Mobile Payment im Vergleich zu den USA und China langsam. Fehlende Standards und geringe Reichweiten sind Gründe für den ausgebliebenen Durchbruch von Mobile Payment in Europa. In Großbritannien (UK) wurde 2014 das Bezahlverfahren „Paym" auf den Markt gebracht, das vor allem für Transaktionen People to People (P2P) genutzt wird. Bank of Scotland, Barclays, the Cumberland Building Society, Danske Bank, Halifax, HSBC, Lloyds Bank Santander und TSB Bank waren die ersten Banken, die diesen Service anboten. In Polen ist das Mobile Payment ebenfalls weit verbreitet. Bereits 2014 akzeptierten 40% der Kartenterminals NFC-Chips. Nach Schätzungen wurden über 200.000 Point of Sale-Käufe so getätigt.[43]

2.5 Anbieter

In Deutschland gibt es diverse Unternehmen, die Mobile Payment-Modelle anbieten. Im Folgenden werden die Relevantesten aufgelistet und erläutert.

Payback Pay startete im Sommer 2016 seine Mobile Payment-Lösung mit Partnern wie dm, Real, Aral und Rewe. Die Besonderheit dieser Variante ist das inkludierte Loyalitätsprogramm von Payback. Bei der Registrierung muss der Kunde einmalig ein Lastschriftmandat hinterlegen und kann anschließend bei allen Partnern von Payback mobil bezahlen und gleichzeitig Loyalitätspunkte sammeln. Die Technologie variiert von Händler zu Händler, beschränkt sich jedoch auf NFC-Chips oder QR-Codes. Das Mobile Payment-Modell wird für Android- und iOS-fähige Geräte zur Verfügung gestellt. Die

---

[42] Zit. Hamzehloe, Parissa, 2014: Mobile Payment, S. 57
[43] Vgl. Hamzehloe, Parissa, 2014: Mobile Payment, S. 58

Bezahlform nennt sich „Postpaid". Es entstehen keine zusätzlichen Kosten bei der Nutzung der Bezahlmethode für den Endverbraucher.[44] Payback ist das führende Multipartner-Loyalitäts-Programm in Deutschland. 54% der Haushalte in Deutschland sind im Besitz einer Payback-Loyalitätskarte und 29 Millionen Personen nutzen diese Karte täglich.

Edeka und der zugehörige Discounter Netto bieten eine Mobile Payment-Lösung über die eigene Kundenapplikation (Kunden-App) an. Die Zahlung erfolgt ebenfalls über ein bei der Registrierung angegebenes Lastschriftmandat. Die Technologie basiert auf der Entschlüsselung durch PIN und Barcode. Das Bezahlsystem ist ebenfalls auf Android- und iOS-fähigen Geräten verfügbar und baut auf der Bezahlform des Postpaid auf. Die akzeptierten Händler sind jedoch nur Edeka und Netto.[45]

Die aktuellste Variante des Mobile Payment ist die Technologie von Apple. Apple Pay wurde 2018 auf dem deutschen Markt etabliert. Die Idee dieser mobilen Bezahlmethode ist die Reduzierung von EC- und Kreditkarten in der Geldbörse. Durch Apple Pay ist es möglich, EC- und Kreditkarten über die Wallet-Funktion zu nutzen, ohne die physischen Karten zum Point of Sale mitzunehmen. Zur Autorisierung muss der Verbraucher anstelle eines vierstelligen PIN-Codes seinen Fingerabdruck oder seinen Gesichtsscan zum Verwenden der Karte benutzen. Apple Pay funktioniert über die NFC-Technologie und kann deshalb erst mit dem IPhone 6s genutzt werden, da ab dieser Generation eine SIM-Karte mit einem Secure Element versehen wird. Nach erfolgreicher Autorisierung durch einen Fingerabdruck oder einen Gesichtsscan wird das mobile Endgerät in unmittelbare Nähe an das Lesegerät der Kasse bewegt, um die Transkation erfolgreich abzuwickeln. Apple hat aktuell 383 Millionen Nutzer für sein Mobile Payment-System weltweit. In Konkurrenz zu Apple steht Android mit dem mobilen Bezahlsystem Android Pay. Dieses bedient eine umfassendere Zielgruppe, da 60% der Smartphone-Nutzer Android-Geräte nutzen. Android Pay funktioniert ebenfalls über die NFC-Technologie und ersetzt gleichermaßen zu Apple, EC- und Kreditkarten. Über

---

[44] Vgl. Gs1 Germany, o.A.: Mobile Payment & SEPA Instant Payments, S. 2
[45] Vgl. Jannsen, Jan- Keno, 2016: Bye-bye, Bargeld: Mit dem Smartphone bezahlen, S. 123

die PIN-Eingabe auf dem Smartphone wird die EC- oder Kreditkarte freigegeben und steht dem Android Pay-Nutzer für die Transaktion zur Verfügung. Android Pay kann von Android-Geräten ab NFC 4.4 genutzt werden.

Samsung Pay funktioniert nach dem gleichen Prinzip wie Apple und Google, kann jedoch nur mit Samsung-Geräten verwendet werden.[46]

Vodafone entwickelte mit Vodafone Wallet als letzter Mobilfunkanbieter in Deutschland eine eigenständige Lösung, die im Sommer 2018 jedoch eingestellt worden ist.[47] o2 hat ebenfalls mit dem o2 Wallet eine Mobile Payment-Lösung generiert, die für NFC-fähige Android-Geräte kostenfrei nutzbar ist. Der Bezahlvorgang verläuft über ein Prepaid-Verfahren und die Technologie mit dem NFC-Verfahren über eine SIM-Karte mit Secure-Element.[48] Nach dem Prepaidverfahren funktioniert unter anderem auch das Bezahlsystem Boon. Der Kunde muss vorab mindestens einen Euro auf das Mobile Payment-Konto zahlen, um mit diesem System deutschlandweit an ungefähr 200.000 Kassen bezahlen zu können. Für den Nutzer fallen Gebühren in Höhe von 99 Cent pro Monat an.

Weitere Anbieter für mobiles Bezahlen sind: Pey, T-Mobile Wallet, m-pass, e-plus, iPayst, PayPal, Postpay, Paycash, Paymey, paij, Yapital, Payfriendz, Postbank Finanzassistent, Sparkasse mobiles Bezahlen, GO4Q, Garmin Pay, girogo, VR-Banking App, cringle, Mercedes Pay, cashcloud etc.[49]

---

[46] Vgl. kreditkarte.net (o.A.): Mobile Payment – Deutscher Handel, quo vadis?
[47] Vgl. Hierl, Ludwig, 2017: Mobile Payment: Grundlagen – Strategien – Praxis, S. 248
[48] Vgl. Jannsen, Jan- Keno, 2016: Bye-bye, Bargeld: Mit dem Smartphone bezahlen, S. 126
[49] Vgl. Hierl, Ludwig, 2017: Mobile Payment: Grundlagen – Strategien – Praxis, S. 244ff

3 Mobile Payment aus Kundensicht

Im Folgenden werden Faktoren analysiert, die als Chance oder Risiko aus Kundensicht im Bereich des Mobile Payment gelten. Diverse Risiken können von Unternehmen als Chance genutzt werden (siehe 3.1), um den Kunden die Eintrittsbarrieren zu nehmen.

3.1 Chancen des Mobile Payment aus Kundensicht

Um einen Einstieg in die Analyse der Chancen von Mobile Payment zu finden, eignet sich Abbildung 6 als Übersicht über alle Erfolgsfaktoren, die Mobile Payment sowohl aus Händlersicht als auch Kundensicht bietet.

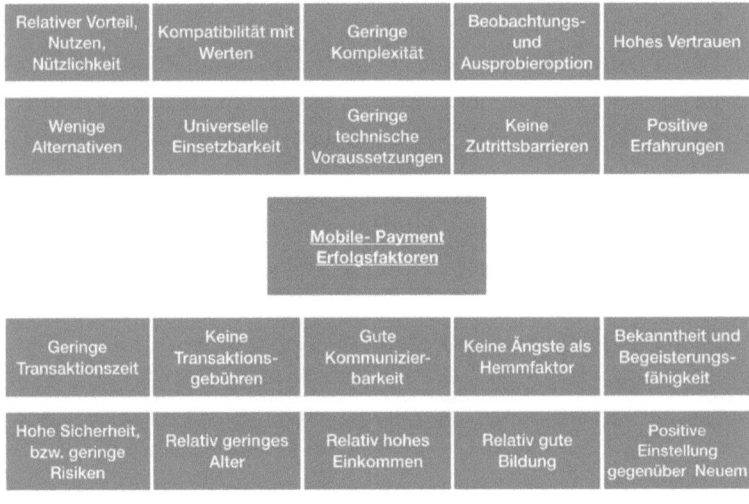

Abbildung 6: Mobile Payment-Erfolgsfaktoren aus Konsumenten-mit integrierter Händlerperspektiv / Selbsterstellte Abbildung in Anlehnung an Hierl, Ludwig: Mobile Payment

Der zentrale Erfolgsfaktor der geringen Komplexität besteht darin, dass ein Mobile Payment-Modell möglichst selbsterklärend sein und sich auf einen zu bestätigenden Pay-Button fokussieren sollte. Sinnbildlich soll „selbst eine Zweijährige bereits ohne Einweisung durch die Eltern intuitiv [...]

Smartphone-Applikationen [...] bedienen" können.⁵⁰ Nutzer, die ihr Mobiltelefon nicht durch eine PIN oder sonstige Technologien zum Entsperren des Bildschirms sichern, werden in dieser Hinsicht nicht als Innovatoren oder Frühanwender identifiziert.

Hohe Sicherheit (bzw. geringe Risiken) wird unter den Teilzielen Informationssicherheit, Funktionssicherheit sowie Datenschutz subsumiert. Zur Informationssicherheit zählen beispielsweise Verfügbarkeit, Integrität, Authentizität, Nichtabstreitbarkeit oder Verbindlichkeit. Funktionssicherheit wird in Störungssicherheit und Fehlertoleranz untergliedert. Datenschutz wird in die Bereiche Anonymität, Pseudonymität, Unverfügbarkeit und Unbeobachtbarkeit unterteilt. Aus Kundensicht ist es in Bezug auf den Erfolgsfaktor Sicherheit entscheidend, dass personen- und zahlungsbezogene Daten vor dem Zugriff unbefugter Personen, vor Diebstahl und weiterführenden Manipulationen geschützt sind. Das Hauptbedürfnis aus Kundensicht für Mobile Payment ist Sicherheit, weswegen Anbieter ihr Hauptaugenmerk auf diesen Faktor richten.⁵¹ Daher wird die Transaktionszeit durch die hohe technologische Komplexität zwangsläufig verlängert. Die Erwartungshaltung in die Sicherheit resultiert nach Studien vor allem aus einer Mainstream-Haltung. Verbraucher, die das Mobile Payment aus Sicherheitsbedenken nicht nutzen, nehmen diesen Faktor als Vorwand, um Mobile Payment als Ganzes abzulehnen. Auffällig ist, dass gerade bei diesen Personen der sonstige Umgang mit Daten als leichtsinnig betrachtet werden könnte.⁵²

Der nächste Erfolgsfaktor ist Vertrauen in die Transaktionspartner, sowohl persönlich als auch technisch. Im Rahmen einer Studie wurde festgestellt, dass Konsumenten Banken und ausgewählte elektronischen Bezahlplattformen, wie beispielsweise PayPal (führender Online-Bezahlverfahren) Vertrauen entgegenbringen. Amazon, Google, Facebook und auch Telekommunikationsunternehmen und Startups genießen nur eingeschränktes Vertrauen bei den Konsumenten.⁵³ Der nächste entscheidende Erfolgsfaktor sind die

---

50 Zit. Hierl, Ludwig, 2017: Mobile Payment: Grundlagen – Strategien – Praxis S. 198
51 Vgl. Hamzehloe, Parissa, 2014: Mobile Payment, S. 68 ff
52 Vgl. Hierl, Ludwig, 2017: Mobile Payment: Grundlagen – Strategien – Praxis, S. 199
53 Vgl. Hierl, Ludwig, 2017: Mobile Payment: Grundlagen – Strategien – Praxis, S. 199 f

Transaktionsgebühren. Zahlreiche Bezahlmethoden verursachen keine Transaktionsgebühren, weswegen Konsumenten Mobile Payment-Modelle auch für geringe Transaktionsgebühren nicht akzeptieren werden. Vergleichbar sind die Gebühren der Nutzung von Mobile Payment-Lösungen mit bezahlpflichten Applikationen (Apps). Nach Prognosen wäre WhatsApp nicht derart erfolgreich, wenn das Unternehmen die Applikation, wie ursprünglich geplant, für 2,99 Euro angeboten hätte. Dieser Betrag wäre bei vielen potenziellen Konsumenten ausschlaggebender Punkt für die Nichtnutzung der Applikation. Ähnlich verhält es sich mit Mobile Payment-Modellen. Da es bereits transaktionsfreie Bezahlmethoden gibt, stellt sich die Frage, warum Konsumenten für eine neue Bezahlmethode Transaktionsgebühren zahlen sollten.[54]

Die Faktoren „universelle Einsetzbarkeit", beziehungsweise „uneingeschränkte Einsetzbarkeit", keine Zutrittsbarrieren, leicht zu erfüllende, technische Voraussetzungen (Interoperabilität), sind ebenfalls Erfolgsfaktoren für das mobile Bezahlen. „Das Vorhandensein einer händler-, mobilgerät- und absatzkanalübergreifend einsetzbaren Lösung würde die Anwendungsakzeptanz bestärken bzw. zumindest nicht länger einschränken."[55] 24% der Befragten einer Studie der Deutschen Bank gaben an, dass die mangelnden Einsatzmöglichkeiten des Mobile Payment Grund der Nichtnutzung sind. Sowohl Kassenterminals der Händler als auch Mobiltelefone der Kunden sind standardgetreu ausgestattet mit der NFC-Technologie. Außerdem können Apple-Nutzer bedingt oder gar nicht auf Mobile Payment-Lösungen von Google (Android) zugreifen, sowie Google-(Android-) Nutzer keinen Zugriff auf Apple Pay haben. Um die aktuell nicht universelle Einsetzbarkeit zu demonstrieren, eignet sich das Beispiel der Deutschen Telekom, Vodafone und PayPal. Deutsche Telekom-Nutzer haben keinen Zugriff auf die gemeinsamen Lösungen von Vodafone und PayPal.[56]

---

[54] Vgl. Hierl, Ludwig, 2017: Mobile Payment: Grundlagen – Strategien – Praxis, S. 199 f
[55] Zit. Hierl, Ludwig, 2017: Mobile Payment: Grundlagen – Strategien – Praxis, S. 200
[56] Vgl. Gs1 Germany, o.A.: Mobile Payment & SEPA Instant Payments

Für Konsumenten ist die Zahl der Partner je Branche limitiert, was Grund dafür ist, dass sich Konsumenten eine nur eingeschränkte Verwendung bietet. Beispiel hierfür ist Payback Pay. Bei dieser mobilen Bezahlmethode muss darauf geachtet werden, in welchen Geschäften mobil bezahlt werden kann und in welchen nicht.[57]

Die Möglichkeit des Beobachtens und Ausprobierens ist ebenfalls ein Erfolgsfaktor des Mobile Payment. Der soziale Druck wartender Kunden am Point of Sale hemmt potenzielle Konsumenten, die Bezahlmethode zu verwenden. Überdurchschnittlich hoch ist die alltägliche Nutzung des Mobile Payment nach erstmaligem erfolgreichen Bezahlen mit dieser Methode.

Demzufolge eignet sich der Vorschlag einer eigenen Kasse am Point of Sale für mobiles Bezahlen, um Erstkonsumenten die Schwellenangst zu nehmen.[58] Der nächste Erfolgsfaktor des Mobile Payment ist der relative Vorteil, bzw. die Nützlichkeit der Bezahlmethode. Die neue Bezahlmethode muss dem Konsumenten einen Mehrwert bieten, um die Innovatoren und frühen Adoptoren von ihrer Nutzung zu überzeugen. Das Spektrum der Mehrwerte, die Mobile Payment den Konsumenten geben könnte, reicht von Gutscheinen, Rabatten, Bonusprogrammen, speziellen lokalen Angeboten zu einem Überblick über diverse Ausgaben, die mit Mobile Payment getätigt wurden. Ein weiterer Nutzungsvorteil ist, dass man auf Bargeld und/ oder EC- und Kreditkarten verzichten kann.[59]

Kommunikations- und Netzwerkfähigkeit ist ein wichtiger Erfolgsfaktor vor dem Hintergrund der Digitalisierung der Kommunikation. Über Plattformen wie Facebook, Flickr, Instagram, LinkedIn, Twitter oder Xing findet ein Informations- und Meinungsaustausch statt. Funktionsweisen des Mobile Payment sollten grundsätzlich einfach erklärbar sein, damit sich Personen über soziale Netzwerke über die mobile Bezahlmethode besser austauschen können. Der Austausch der Konsumenten des Mobile Payment über soziale

---

[57] Vgl. Hierl, Ludwig, 2017: Mobile Payment: Grundlagen – Strategien – Praxis, S.201
[58] Vgl. Hierl, Ludwig, 2017: Mobile Payment: Grundlagen – Strategien – Praxis, S. 201 f
[59] Vgl. Hierl, Ludwig, 2017: Mobile Payment: Grundlagen – Strategien – Praxis, S. 201

Netzwerke ist essentiell, da mobile Zahlungssysteme umso nützlicher werden, wenn die Zahl der Nutzer steigt.[60]

Es wird immer schwieriger, Konsumenten für neue Produkte und Dienstleistungen zu begeistern, da durch ständige Reizüberflutung eine gewisse Immunität der Gesellschaft gegenüber Neuerungen provoziert wird. Ein entscheidender Faktor, um die Aufmerksamkeit potenzieller Kunden zu erringen, ist, Emotionen bei der Zielgruppe durch gezieltes Marketing hervorzurufen. Emotionen werden unterbewusst wahrgenommen, entscheiden jedoch häufig über die Nutzung oder die Kaufentscheidung einer Dienstleistung oder eines Produktes.[61] Bisherige Erfahrungen und Ängste sind Eintrittsbarrieren für potenzielle Nutzer. Eine positive Erfahrung mit Mobile Payment führt aber nicht unbedingt zur Akzeptanz des Mobile Payment. Eine Negativerfahrung mit Mobile Payment könnte für den Tester die konsequente Ablehnung dieser Bezahlmethode zur Folge haben.[62]

Der Faktor des „relativ geringen Alters" ist in die Kategorie der soziodemographischen und sozioökonomischen Erfolgsfaktoren einzuordnen. „Die Bereitschaft zur Adaption von Innovationen wird durchaus auch vom Alter (mit jüngeren Jahren höher), der Bildung (je besser, desto höher), vom verfügbaren Einkommen (je höher, desto stärker ausgeprägt), dem sozialen Status (je höher, desto höher) sowie vom Geschlecht (bei technischen Innovationen weiterhin tendenziell eher bei Männern) beeinflusst."[63]

Die grundsätzlich entscheidenden Chancen des Mobile Payment aus Kundensicht sind Sicherheit, Kontrolle und Komfort. Sicherheit, insbesondere vor Missbrauch der preisgegebenen Daten durch Dritte, entweder durch Diebstahl des Handys oder durch Hackerangriffe. Die Sicherheitsbedenken erwachsen jedoch vor allem aus dem „Mainstream" und werden bei konkreter Befragung potenzieller Nutzer als diffus und unkonkret gewertet.[64] Die hohe

---

[60] Vgl. Hamzehloe, Parissa, 2014: Mobile Payment, S. 61 ff
[61] Vgl. Bagozzi, Richard P., 1999: The Role of Emotions in Marketing
[62] Vgl. Hierl, Ludwig, 2017: Mobile Payment: Grundlagen – Strategien – Praxis, S. 203
[63] Vgl. Hierl, Ludwig, 2017: Mobile Payment: Grundlagen – Strategien – Praxis, S. 203 f
[64] Vgl. Hierl, Ludwig, 2017: Mobile Payment: Grundlagen – Strategien – Praxis, S. 180 f

Angst vor der Bezahlmethode zeugt vor allem vom geringen Verständnis der potenziellen Nutzer der Technologie und einer allgemeinen Unsicherheit. Kredit- und EC-Karten werden im Mainstream als sicher betrachtet, obwohl diese ähnliche Sicherheitsrisiken wie Mobile Payment-Modelle bieten.[65]

Kontrolle bedeutet im Hinblick auf Mobile Payment „wissen, was passiert ist" und „wissen, was passieren wird". Nutzer wollen klare Rückmeldungen von der App bekommen und auch Kontrolle über die App haben. Laut einer Umfrage befürchten Nutzer, dass es zu versehentlichen Transaktionen mittels der NFC-Technologie kommen kann und dass diese Befürchtung ausschlaggebend für die Nichtnutzung des Bezahlverfahrens sein kann. Außerdem besteht beim Kunden Angst, dass Zahlungen missbräuchlich mehrfach ausgeführt werden. Nutzer möchten zudem bei der Bedienung der Applikation am Point of Sale nicht unangenehm vor anderen Personen auffallen, wenn sie Probleme mit der Bedienung haben. Der Faktor Kontrolle beschreibt, dass die Applikation eine Rückmeldung nach erfolgreicher oder fehlgeschlagener Transaktion dem Konsumenten gibt. Nutzer empfinden vor allem eine unterschiedliche Reaktion des Lesegerätes und Rückmeldungen des Handys als verunsichernd. Die Fehlermeldung sollte in diesem Fall an der Kasse, als auch auf dem Mobiltelefon eindeutig erkennbar sein.[66]

Komfort bedeutet im Zusammenhang mit Mobile Payment auch die Geschwindigkeit des Bezahlvorgangs. „Ein Gewinn an Komfort und Geschwindigkeit beim Bezahlen ist der Hauptgrund, weshalb Nutzer angeben, Mobile Payment nutzen zu wollen."[67] Anbieter werben mit der Schnelligkeit der Bezahlvorgänge, um sich Wettbewerbsvorteile zu sichern. Die gefühlte Zeit der wesentlichen Schritte des Bezahlvorgangs sind für die wahrgenommene Geschwindigkeit des Bezahlvorgangs aus Kundensicht wichtig und nicht die tatsächlich vergangene Zeit.

---

[65] Vgl. Hierl, Ludwig, 2017: Mobile Payment: Grundlagen – Strategien – Praxis, S. 180 f
[66] Vgl. Hierl, Ludwig, 2017: Mobile Payment: Grundlagen – Strategien – Praxis, S. 180 f
[67] Zit. Hierl, Ludwig, 2017: Mobile Payment: Grundlagen – Strategien – Praxis, S. 183

Die Interaktion ist nach einer Umfrage am Point of Sale eher unangenehm, da es bis dato noch nicht gesellschaftlich akzeptiert ist, das Handy anstelle der Geldbörse zu nutzen, um zu bezahlen. Außenstehende Personen könnten den Eindruck gewinnen, dass die zahlende Person durch eine SMS abgelenkt ist und sich deswegen der Prozess des Bezahlens verlangsamt.[68] Die Blicke der anderen setzen die Person, die das Mobile Payment-Bezahlverfahren verwendet unter einen gewissen gesellschaftlichen Druck, der unangenehm auf die bezahlende Person wirken kann.[69] Zusammengefasst sind die wichtigsten Motive beim Kaufprozess im Handel für die Konsumenten: „Gewinn, Zeitersparnis, Bequemlichkeit, Sicherheit, Geltung, Nachahmung, Emotion und Ökologie".[70] Mobile Payment kann eine Vielzahl dieser Motive simultan bedienen.

Eine weitere Chance für Mobile Payment aus Kundensicht ist die Sichtbarkeit. Anwender haben die Möglichkeit, die Applikationen schnell zu finden und weiterzuempfehlen. Die geringe Zeit, die benötigt wird, um das Mobile Payment-System einzurichten, ist ein weiterer positiver Aspekt aus Sicht der Kunden.[71] Die Multi-Channel-Fähigkeit, also die Nutzung des Mobile Payment über mehrere Endgeräte, kann ebenfalls als Chance aus Kundensicht gesehen werden. Die Mobile Payment-Lösung kann sowohl online, als auch im stationären Handel verwendet werden. Der Mehrwert, den Mobile Payment den Nutzern bietet, stellt eine Chance für das Bezahlverfahren dar. Beispielsweise kann der Mehrwert Produktinformationen und -empfehlungen, Preisvergleiche, Transaktionshistorie, Location-Finder sowie die Integration in soziale Netzwerke beinhalten.[72]

---

[68] Vgl. Hamzehloe, Parissa, 2014: Mobile Payment, S. 79 ff
[69] Vgl. Hierl, Ludwig, 2017: Mobile Payment: Grundlagen – Strategien – Praxis, S. 183
[70] Vgl. Hierl, Ludwig, 2017: Mobile Payment: Grundlagen – Strategien – Praxis, S. 34
[71] Vgl. PwC, 2014: Mobile Payment in Deutschland 2020
[72] Vgl. PwC, 2014: Mobile Payment in Deutschland 2020

Der Mehrwert des Mobile Payment ist für jede Person individuell bewertbar. Folgendes Modell ist zur Bewertung von Mobile Payment geeignet, um den Zusammenhang zwischen Produktattributen und Kundenzufriedenheit darzustellen.

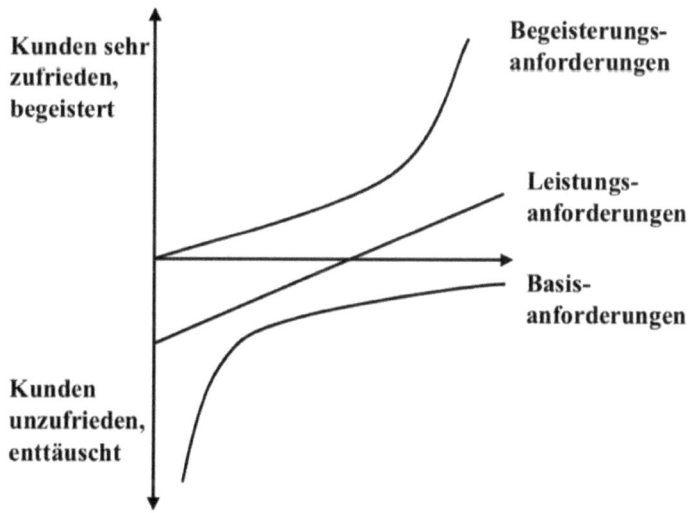

Abbildung 7: Kano-Modell der Kundenzufriedenheit

Basisanforderungen sind in Bezug auf das Mobile Payment beispielsweise Totalität, Konsistenz, Dauerhaftigkeit, Reputation und Verlässlichkeit des Verfahrens, Fälschungssicherheit, Konvertierbarkeit, Umlauffähigkeit und Sicherheit. Diese Anforderungen setzen Konsumenten mindestens voraus für die Nutzung einer Mobile Payment-Plattform. Leistungsanforderungen wie hohe Verbreitung, niedrige Kosten, Nachvollziehbarkeit, Anonymität, Internationalität oder Portabilität sind Faktoren, die als austauschbar wahrgenommen werden. Sie werden erwartet, weil der potenzielle Kunde eine Mindesterwartung an das jeweilige Mobile Payment-Modell hat.

Begeisterungsanforderungen sind Anforderungen, die der Kunde nicht erwartet hat, den Kunden jedoch schlussendlich für das Produkt gewinnen.[73]

Jedes Risiko von Mobile Payment kann gleichzeitig von den Anbietern als Chance genutzt werden. Ein Beispiel hierfür ist das Sicherheitsrisiko. Anbieter können diesen Faktor dafür nutzen, dem Kunden ein sicheres Gefühl für die Verwendung der Applikation zu suggerieren. So verändert sich der Faktor Sicherheit von einem Risiko in eine Chance für den Kunden. Zudem kann die individuelle Beurteilung der einzelnen Kunden diverse Erfolgsfaktoren als Chance oder als Risiko wahrnehmen.

3.2 Risiken der Nutzung des Mobile Payment aus Kundensicht

Der häufigste Faktor, der den Eintritt der Kunden in die Mobile Payment-Branche verhindert, ist der Aspekt der Sicherheit. Der Gesamtbegriff Sicherheit ist vielschichtig und komplex. Zum einen wird von der Systemsicherheit gesprochen. „Der Grad an Systemsicherheit gibt Auskunft darüber, wie sicher ein Gesamtsystem arbeitet".[74] Nach aktuellem Stand existiert im Mobile Payment eine Austauschbeziehung zwischen Sicherheit, Anonymität und Effizienz. Grundlegend sind zwei Sicherheitsaspekte in der Systemsicherheit zu unterscheiden. Zum einen die Verhütung von Schäden (Schutz vor Fälschungen) und zum anderen die Schadensbegrenzung, wie beispielsweise die frühzeitige Aufdeckung von Hackerangriffen. Technologien mit Chip-Karten sind sehr effizient und erfüllen den Aspekt der Anonymität. Ein Beispiel für einen Anbieter, der diese Technologie in dem Endprodukt verkauft, ist Mondex. Die Zugriffssicherheit ist der nächste Teilaspekt der Gesamtsicherheit. Bei diesem Punkt geht es um den Schutz vor dem Zugriff Dritter auf das Mobile Payment-Modell. Smart Card stellt in diesem Teilaspekt eine effiziente technische Lösung dar. Es existieren diverse Sicherheitsverfahren gegen den Zugriff Dritter: wissensbasierte Sicherheitsverfahren, biometrische Sicherheitsverfahren und psychometrische Sicherheits-verfahren. Ein Beispiel für das wissensbasierte Sicherheitsverfahren ist die Eingabe einer PIN durch den

---

[73] Vgl. Continus, Robin, o.A.: Mobile Payment im Spannungsfeld von Ungewissheit und Notwendigkeit, S. 66
[74] Zit. Bartman, Dieter (o.A.): Die elektronische Geldbörse, S. 45

Konsumenten. Der Nachteil dieses Verfahrens ist, dass die PIN leicht von Dritten ausspioniert werden kann. Deswegen wird aktuell vermehrt in den Bereichen der biometrischen und psychometrischen Sicherheitsverfahren geforscht. Ein biometrisches Sicherheitsverfahren ist ein Verfahren, in dem eindeutig eine Person über biologische Merkmale identifiziert werden kann. Ein Beispiel hierfür ist die Entsperrung des Mobile Payment-Sicherheitsverfahrens über den Fingerabdruck, der im Hintergrundsystem oder auf der Chipkarte gespeichert worden ist. Dieses Verfahren garantiert die eindeutige Identifikation einer Person, hat aktuell jedoch den Nachteil „dass die Installation der Lesegeräte noch mit sehr hohen Kosten behaftet" ist und deswegen in naher Zukunft nach Einschätzung von Experten keine Marktdurchdringung stattfinden wird.[75] Psychometrische Verfahren basieren auf verhaltensbasierten Merkmalen, die ebenfalls zur Authentifizierung des Konsumenten führen sollen. Beispielsweise wird der Schreibrhythmus mit den hinterlegten Daten verglichen. Je nach psychischer Verfassung des Konsumenten ergibt sich eine Standardabweichung vom gewöhnlichen Schreibrhythmus (beispielsweise nach dem Konsum von Alkohol).[76] Wissensbasierte Systeme werden sich nach Prognosen aufgrund der höchsten Sicherheitsgarantie langfristig durchsetzen. Der nächste Teilaspekt der Gesamtsicherheit von Mobile Payment ist die Übertragungssicherheit. Nachrichten werden in Datenbündeln kryptografisch verschlüsselt und zusätzlich mit einer elektronischen Unterschrift versehen. Die Verschlüsselung der Daten innerhalb des Transaktionsprozesses sorgt für die Übertragungssicherheit aller Daten, ohne dass Dritte die zu übertragen-den Daten einsehen können. Im Rahmen eines Feldversuches in Ravensburg wurde deutlich, dass Mobile Payment grundsätzlich akzeptiert wird, jedoch die Faktoren Misstrauen und Angst ausschlaggebend für die Nichtnutzung sind.[77] Eintrittsbarrieren wurden bei einer weiteren Studie von Deloitte Consulting GmbH in: Mobile Payment. „Kein Aufwärtstrend beim mobilen Bezahlen" analysiert. Die Befragten hatten mehrere Antwortmöglichkeiten. Auffällig war das Ergebnis, dass 45% der Befragten

---

[75] Zit. Bartman, Dieter (o.A.): Die elektronische Geldbörse, S. 45
[76] Vgl. Bartman, Dieter (o.A.): Die elektronische Geldbörse, S. 45 ff
[77] Vgl. Bartman, Dieter (o.A.): Die elektronische Geldbörse, S. 25 ff

Mobile Payment aus dem Grunde nicht nutzen, weil sie keinen Mehrwert in dieser Bezahlmethode erkennen können. Der zweithäufigste Grund für die Nichtnutzung war nach der Studie die Eintrittsbarriere der vermeintlich geringen Sicherheit mit 38% Einstimmigkeit der Befragten. 18% hatten nicht die Möglichkeit, die Applikation auf ihrem Smartphone aufgrund veralteter Technologie zu nutzen. 11% der befragten Teilnehmer wussten von keinen Akzeptanzstellen für Mobile Payment und nutzten die Bezahlmethode aus diesem Grund nicht. 9% der Befragten empfanden Mobile Payment als zu kompliziert und vermieden deswegen den Umgang mit mobilem Bezahlen. Für 7% war der Bildschirm zu klein für mobiles Bezahlen und weitere 7% verstanden die Funktion des Mobile Payment nicht.[78] Nach Erkenntnissen einer weiteren Studie zum Thema Konsum- und Kfz-Finanzierung 2016 der Gesellschaft für Konsumforschung, steigt der Bedarf an Mobile Payment linear an. Laut dieser Studie können sich 21% der Befragten das Bezahlen mit Mobile Payment vorstellen. Der Rest der Befragten lehnte dies im Jahr 2016 ab.[79] Weitere Studien ergaben, dass deutsche Kunden die eigene Bank, beziehungsweise das eigene Geldinstitut zur Durchführung von Zahlungen bevorzugen, und Mobile Payment-Modelle von Telekommunikationsunternehmen sehr viel seltener nutzen. Ein allgemeines Vertrauen in deutsche Banken und Finanzinstitute ist vor allem im Online-Banking zu erkennen. Bei einer Umfrage erklärten sich 67% der Befragten mit dem Online-Payment-Verfahren der hauseigenen Bank zufrieden, wobei hier der „Durchschnittsdeutsche", als auch der „Digital Native" befragt wurden. Aus dieser Erkenntnis lässt sich die Konkurrenz der Mobile Payment-Anbieter zu den herkömmlichen Angeboten der Banken ableiten.[80] Diverse Banken schließen sich dem Trend des Mobile Payment an. Beispiel hierfür ist die Deutsche Bank (Vgl. deutsche-bank.de). Eine weitere Perspektive auf die Eintrittsbarrieren von Mobile Payment aus Sicht der Nutzer, bietet eine Umfrage von statista. Sie bezieht sich auf die Risiken und Ängste aus Kundensicht bei 894 Befragten im Alter ab 18 Jahren. Alle Befragten hatten bis dato noch nie mobil

---

[78] Vgl. kreditkarte.net (o.A.): Mobile Payment – Deutscher Handel, quo vadis?
[79] Vgl kreditkarte.net (o.A.): Mobile Payment – Deutscher Handel, quo vadis?
[80] Vgl. Hierl, Ludwig, 2017: Mobile Payment: Grundlagen – Strategien – Praxis, S. 284

bezahlt. 46% der Befragten haben Angst vor Betrug (Sicherheitsaspekt 9%, 14% besitzen kein Smartphone um Mobile Payment nutzen zu können, 38% bezahlen präferiert mit Bargeld, 24% der Befragten können kein Vertrauen zu den Anbietern aufbauen, 17% der Befragten kennen keine Geschäfte, in denen mobil gezahlt werden kann, 36% haben sich mit der Thematik noch nicht beschäftigt, 40% der Befragten sorgen sich um den Schutz der Sicherheit der Daten (Sicherheitsaspekt), weitere 24% der Teilnehmer gaben an, dass die Technik nach ihrem Ermessen noch nicht ausgereift sei und 3% der Befragten gaben sonstige Gründe an.[81] Anhand dieser Studie ist eindeutig erkennbar, dass der Sicherheitsaspekt die größte Eintrittsbarriere für potenzielle Kunden in den Bereich des Mobile Payment darstellt. Außerdem ist auffällig, dass 38% der Befragten eine konservative Haltung zu neuen Bezahlmethoden haben, da diese Bargeld als präferierte Bezahlmethode angegeben haben.

---

[81] Vgl. Hierl, Ludwig, 2017: Mobile Payment: Grundlagen – Strategien – Praxis, S. 287

4 Weitere elektronische Bezahlverfahren

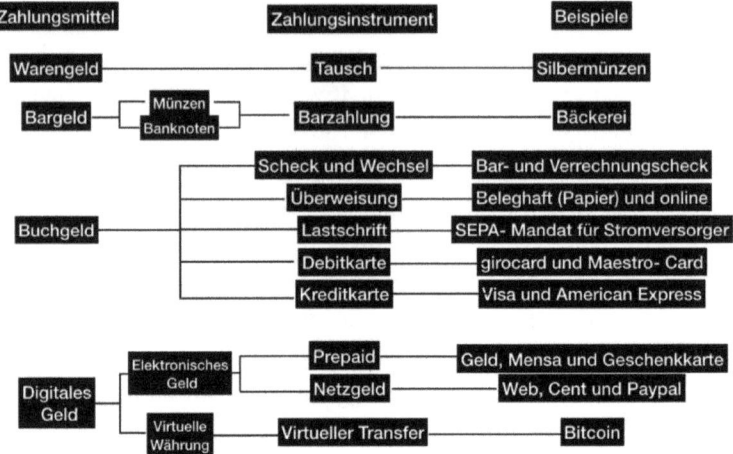

Abbildung 8: Zahlungsmittel und Zahlungsinstrumente Selbsterstellte Abbildung in Anlehnung an Hierl, Ludwig: Mobile Payment

Anhand Abbildung 8 lässt sich die Differenzierung zwischen den Zahlungsmitteln Buchgeld und digitalem Geld erkennen. Buchgeld wird über Zahlungsverfahren, wie beispielsweise Scheck- und Wechselzahlung, Überweisungen, Lastschriftverfahren, Zahlung über eine Debitkarte oder Zahlung über Kreditkarten durchgeführt. Digitales Geld kann entweder mit elektronischem Geld über Prepaid oder Netzgeld verwendet oder mittels der virtuellen Währung als virtuellen Transfer erfolgen.[82] Beispiele für die jeweiligen Zahlungsinstrumente sind in Abbildung 8 aufgelistet. Im Folgenden wird jeweils aus beiden Segmenten ein Beispiel aufgegriffen, um dem Leser einen Überblick über die Gesamtsituation des elektronischen Bezahlens zu verschaffen.

E-Payment, auch Electronic Payment oder Online Payment genannt, repräsentiert elektronische Bezahlverfahren. Anwendungsbereiche im E-Payment sind Online-Shops oder Kartenzahlungen am Point of Sale (POS). Ein E-Payment-System wird zwischen mehreren Parteien definiert. Auf der einen Seite

---

[82] Vgl. Hierl, Ludwig, 2017: Mobile Payment: Grundlagen – Strategien – Praxis, S. 82

stehen die Geschäftseinheiten: Kunde und Händler. Auf der anderen Seite stehen die Finanzeinheiten: Anbieter und Banken. Die entscheidende Partei ist der Payment Service Provider (PSP). Das PSP agiert als Schnittstelle zwischen Geschäftseinheiten und Finanzeinheiten als eine Sicherheitseinheit. „Payment Service Provider sind spezialisierte Unternehmen, welche sich auf die technische Anbindung und die Transaktionsabwicklung von Zahlungssystemen im E- und M-Commerce spezialisiert haben."[83]

Eine Studie von EHI-Handelsdaten und EHI-Retail Institute im Jahr 2017 ermittelte die Umsatzanteile der Zahlungsarten im stationären deutschen Handel. Auffällig war die hohe Rate der Bargeldnutzung mit 50%. Das SEPA-Lastschriftverfahren wurde im Jahr 2017 zu 12,6% genutzt. Girocard wies eine Nutzung von 26,3% auf. Die Kreditkarte wurde im stationären Handel für 6,5% der Zahlungen genutzt. Der Rest entfiel sich auf sonstige Bezahlmethoden.[84]

Im Jahr 2014 wurde die Verteilung der Bezahlmethoden im Online-Handel in einer Studie der Deutschen Bank erhoben. Die Befragten hatten die Möglichkeit der Mehrfachnennung. Auffallend an den Ergebnissen der Studie war die hohe Zahl der Überweisungen nach Lieferung der Ware mit 56%. Darauf folgten die Internetbezahlverfahren mit 55%. Innerhalb der Internetbezahlverfahren war PayPal mit einem Prozentanteil von 88% das führende Bezahlverfahren. SOFORT-Überweisungen folgten nach PayPal mit 23%. Giropay hatte einen Marktanteil innerhalb der Internetbezahlverfahren von 3%. Auf die Internetbezahlverfahren folgte das Lastschriftverfahren mit 25%, die Überweisung vor Lieferung mit 24%, die Kreditkarte mit 20%. Die Zahlung per Nachnahme fand nur bei 9% aller Bezahlvorgänge Verwendung.[85]

---

[83] Zit. Lammer, Thomas, 2006: Handbuch: E Money, E- Payment & M- Payment, S. 3
[84] Vgl. Gs1 Germany, o.A.: Mobile Payment & SEPA Instant Payments
[85] Vgl. kreditkarte.net (o.A.): Mobile Payment – Deutscher Handel, quo vadis?

4.1 Lastschriftverfahren

Das Lastschriftverfahren gehört zum elektronischen bargeldlosen Zahlen. Beteiligte an diesem Bezahlverfahren sind zum einen der Zahlungsempfänger (Gläubiger), zum zweiten der Zahlungspflichtige (Schuldner), zudem eine Inkassostelle und die Anzahl der beteiligten Schuldner. Man unterscheidet zwischen zwei Verfahrensarten: Einzugsermächtigung und Abbuchungsauftrag. Bei der Einzugsermächtigung legt der Zahlungspflichtige dem Zahlungsempfänger eine schriftliche Ermächtigung zum Begleichen des fälligen Betrags vor. Der Zahlungsempfänger löst anschließend den fälligen Betrag bei der zuständigen Inkassostelle (in diesem Fall der Bank des Zahlungspflichtigen) ein und erhält über diese den Betrag. Über dieses Verfahren wird der Großteil der Lastschriftverfahren getätigt. Bei einem Abbuchungsverfahren erklärt der Kunde seiner Bank mittels eines schriftlichen Auftrags bei einer kommenden Lastschrift, den fälligen Betrag vom Konto des Auftragsstellers abzubuchen. Grundsätzlich ist das Lastschriftverfahren für beide Parteien, Kunde und Händler, bequem und einfach. Vorteil dieser Bezahlmethode ist, dass Kunden nach dem Onlinekauf eines Produktes oder einer Dienstleistung nicht auf die Fälligkeit des Bezahlens achten müssen. Zudem können unberechtigte Abbuchungen seitens der Käufer noch sechs Wochen lang widerrufen werden.[86]

Klassische Lastschriftverfahren haben den Nachteil, dass die Zahlung meist zwei bis drei Tage zwischen dem Bezahlen und dem Eingang auf das Empfängerkonto dauert. In der Zwischenzeit, also während der Transaktion und den folgenden sechs Wochen, geht der Händler das Risiko ein, dass der Kunde das Geld zurückzieht, oder dass dessen Konto nicht ausreichend gedeckt ist. Um dieser Problematik Rechnung zu tragen, wurde SEPA Instant Payment 2017 entwickelt. Vorteil der neuen Version des Lastschriftverfahrens ist, dass eine „sofortige und garantierte Verfügbarkeit der Mittel für den Zahlungsempfänger" gewährleistet wird.[87] Instant-Überweisungen haben ein Limit von zehn Sekunden nach der Verifizierung des Auftrags und haben eine Betragsgrenze

---

[86] Vgl. Hamzehloe, Parissa, 2014: Mobile Payment, S. 18 f
[87] Zit. Gs1 Germany, o.A.: Mobile Payment & SEPA Instant Payments, S. 10

von 15.000 Euro. Deutschlands Händler sind nach einer Studie der GS1 Germany von SEPA Instant Payment überzeugt. Händler stimmten im Rahmen der Umfrage darin überein, dass es von wesentlichem Vorteil wäre, wenn eine Verringerung von Zahlungsausfällen realisiert werden könnte. SEPA Instant Payment könnte diesem Problem entgegenwirken. So wird nach der Studie der GS1 Germany prognostiziert, dass SEPA Instant Payment das klassische Lastschriftverfahren ablösen wird.[88] Vorteile des SEPA Instant Payment sind: Keine Zahlungsausfälle, hohe Geschwindigkeit (Waren können sofort nach erfolgreicher Transaktion versendet werden), sofortige Liquidität, Fehlervermeidung am Point of Sale und im Online-Handel und eine bessere Liquiditätsplanung.

4.2 Kartenzahlung (EC-/ Kreditkarte)

Die Zahlung per EC-Karte gehört der Kategorie des E-Payment an. Konsumenten werden EC-Karten von ihrer Bank zur Verfügung gestellt. Beispiele für Anbieter sind unter anderem die Commerzbank, N24, Deutsche Bank, Postbank. Am Point of Sale kann der der Kunde mithilfe der EC-Karte bargeldlos bezahlen. Unmittelbar nach der erfolgreichen Transaktion erfolgt die Belastung des Bankkontos des Käufers. Zur Authentifizierung des Käufers wird am Point of Sale entweder eine PIN oder eine Unterschrift verlangt. Der Käufer erteilt hiermit dem Händler eine Einzugsermächtigung. Von diesem Zeitpunkt an funktioniert das Zahlen über die EC-Karte ähnlich wie das Lastschriftverfahren.[89] Vorteile der EC-Karte sind: keine Mehrkosten innerhalb der EU, monatliche Übersicht auf den Kontoauszügen, relativ sicher (ohne die vierstellige PIN erhält der Nutzer keinen Zugang). Nachteil der EC-Karte (Debitkarte) ist zum einen die geringe Akzeptanz außerhalb von Deutschland. Zudem wird eine höhere Gebühr zum Abheben im Ausland als im Inland erhoben. Hinzu kommt die geringe Akzeptanz der Händler bei kleinen Beträgen.[90]

---

[88] Vgl. Gs1 Germany, o.A.: Mobile Payment & SEPA Instant Payments
[89] Vgl. Hamzehloe, Parissa, 2014: Mobile Payment, S. 19
[90] Vgl. Lammer, Thomas, 2006: Handbuch: E Money, E- Payment & M- Payment, S. 26 ff

Kreditkarten werden in Form von Bank- und Universalkarten angeboten. Kreditkarten sind physische Karten, mit denen Geld, Vermögensgegenstände oder Dienstleistungen auf Kredit erworben werden können".[91] Universalkreditkarten können nicht nur von Banken, sondern auch von Kreditkartenunternehmen zur Verfügung werden. Beispiele für Anbieter von Kreditkarten sind: Commerzbank, VISA, Mastercard oder American Express. Vor der Nutzung der Kreditkarte wird ein Vertrag mit der Bank oder dem Kreditkartenunternehmen geschlossen. Der Prozess der Zahlung mittels Kreditkarte funktioniert wie folgt: Der Kunde übermittelt dem Händler beim Online-Kauf Daten wie Kartennummer, Gültigkeitsdatum und Sicherheitsnummer in ein vom Händler vorgefertigtes Formular. Mit der Eingabe der Daten und dem finalen Bestätigen der Transaktion wird die Zahlung durchgeführt. Zur Überprüfung des Kreditkartenkontos werden vorher eingegebene Daten von der kreditkartenbetreuenden Bank oder vom Kreditkartenunternehmen verglichen. Nach erfolgreicher Autorisierung wird der fällige Betrag vom Konto des Käufers abgebucht und dem Konto des Händlers gutgeschrieben. Für den Händler fallen unabhängig vom Betrag, Gebühren für jede Transaktion an. „Da der Trend zum Online-Shop und Einkaufen im Internet steigt, verlieren die klassischen Zahlungsarten immer mehr an Bedeutung. Dadurch gewinnen die elektronischen und innovativen Zahlungsverfahren an Fahrt und werden bei den Verbrauchern immer beliebter."[92] In Deutschland liegt die Zahl der verwendeten Kreditkarten bei circa 33 Millionen.[93] Den größten Marktanteil haben die Karten von VISA oder Mastercard. Ein Vorteil der Kreditkarte ist die finanzielle Flexibilität, da die Bank den Betrag vorstreckt. Dazu kommt die globale Akzeptanz dieser Bezahlmethode. Aus Kundensicht bietet die Kreditkarte eine hohe Sicherheit, da auf das Mitführen größerer Mengen Bargeld verzichtet werden kann. Im Gegensatz zu einer normalen Bankkarte, werden die Umsätze gesammelt und nicht sofort dem Konto belastet. Dadurch, dass die Beträge üblicherweise nur einmal im Monat vom Konto eingezogen werden, wird dem Kunden ein kurzfristiger Kredit eingeräumt.

---

[91] Zit. Hamzehloe, Parissa, 2014: Mobile Payment, S. 20
[92] Zit. Hamzehloe, Parissa, 2014: Mobile Payment, S. 21
[93] Vgl. Statista, 2015: Statistiken zu Kreditkarten

Die Höhe des Verfügungsrahmens hängt von den finanziellen Gegebenheiten des Kunden ab.

Hinzu kommt die einfache Online-Verwendung. Nachteile der Kreditkarte aus Sicht der Kunden sind zum einen die jährlichen Gebühren. Außerdem verführt die Nutzung von Kreditkarten dazu, mehr Geld auszugeben, als man tatsächlich zur Verfügung hat. Weiterhin akzeptieren nicht alle Händler jede Kreditkarte, da sie die hohen Gebühren scheuen.[94]

Die Verteilung des Zahlungskartenbesitzes in Deutschland wurde innerhalb einer Studie von statista erhoben. 98% der Befragten waren im Jahr 2017 im Besitz einer EC-Karte (Debitkarte). 36% der Befragten waren ebenfalls im Besitz einer Kreditkarte. Anhand dieser Marktstudie lässt sich der hohe Verbreitungsgrad der EC- und Kreditkarten herausstellen.[95]

4.3 PayPal

PayPal wirbt mit der Erleichterung von Transaktionen zwischen Käufern und Verkäufern. Das Unternehmen ist in ständiger und enger Zusammenarbeit mit Banken und Kreditkartenunternehmen. Auf diesen Punkt legt PayPal großen Wert, um den Kunden eine reibungslose Schnittstelle zwischen Banken, Händlern und Käufern bieten zu können. Der Prozess des Bezahlvorgangs bei PayPal funktioniert wie folgt: Für den Kunden ist es möglich, Geld über die Plattform an Händler oder an Personen zu versenden. Dafür benötigt der Konsument lediglich eine E-Mail-Adresse des Empfängers oder einen PayPal-Link. Hat der Kunde sich mit seinen persönlichen Daten und seinem Girokonto registriert, ist er in der Lage, ab diesem Zeitpunkt Geld zu versenden. Die Transaktion erfolgt innerhalb weniger Sekunden. Vorteil beider Parteien ist, dass weder Käufer noch Verkäufer Information über das Bankkonto der jeweilig anderen Partei erhält. Die essentiellen Informationen zur Transaktion über PayPal beschränken sich auf die Höhe des zu zahlenden Betrages, die Währung, die der Empfänger erhalten soll, sowie die E-Mail-Adresse des

---

[94] Vgl. Lammer, Thomas, 2006: Handbuch: E Money, E- Payment & M- Payment, S. 202 ff
[95] Vgl. Statista, 2017: Zahlungskartenbesitz in Deutschland in ausgewählten Jahren von 2008 bis 2017

Empfängers. Hierbei ist der Versand des Geldes und die Nutzung von PayPal kostenfrei. Zudem kann auf das PayPal-Konto ein Guthaben geladen werden, damit dieses bei der nächsten Transaktion verwendet werden kann. Das Guthaben kann jederzeit zurück auf das hinterlegte Nutzerkonto gebucht werden. Das Lastschriftverfahren wurde 2005 ebenfalls in das Produktportfolio hinzugefügt. Der Empfänger wird nach Eingang auf das PayPal-Konto durch eine E-Mail informiert, dass der vereinbarte Betrag auf das PayPal-Konto überwiesen wurde. Bei internationalen Zahlungen muss der Empfänger eine Gebühr für den Geldempfang zahlen. Ein mögliches Einsatzgebiet des PayPals ist beispielsweise Ebay. Wegen des Käuferschutzes, den PayPal anbietet, ist jegliche Zahlung über die Plattform sicher. Bei einem Warenkauf in einem Onlineshop bezahlt der Kunde den fälligen Betrag via PayPal.[96] Erfolgt keine Zustellung des Artikels, oder der Artikel ist nicht in dem beschriebenen Zustand, kann der Kunde PayPal kontaktieren und Gebrauch vom Käuferschutz machen. Sollte es innerhalb von 180 Tagen keine Einigung zwischen Käufer und Verkäufer geben, kontaktiert der Käufer innerhalb von 20 Tagen PayPal zur Klärung der Situation. Wenn der Käuferschutzantrag berechtigt ist, werden von PayPal der volle Betrag sowie die Versandkosten zurückerstattet.[97]

PayPal verzeichnete im Jahr 2015 einen Marktanteil von 19,6% für physische Güter im Online-Handel. Ein ausschlaggebender Nachteil für PayPal ist, dass Amazon auf die Bezahlform von PayPal verzichtet.[98] Amazon ist eine der erfolgreichsten Online-Plattformen in weltweit. Durch eine Nutzerrate von 44 Millionen Menschen in Deutschland entgeht PayPal ein bedeutender, potenzieller Kundenkreis, der seine Bezahldienste nutzt.[99] Laut PayPal hat das Unternehmen im Jahr 2016 eine Nutzerzahl von 16 Millionen in Deutschland verzeichnet. Nach eigenen Angaben haben 50.000 Online-Shops im Jahr 2016 PayPal als Zahlungsmethode integriert.[100]

---

[96] Vgl. Lammer, Thomas, 2006: Handbuch: E Money, E- Payment & M- Payment, S. 240 ff
[97] Vgl. Weblink, Stand: 17.06.2019: https://www.paypal.com/de/webapps/mpp/paypal-safety-and-security
[98] Vgl. Deutscher Bundestag, 2016: Daten zur Marktposition von PayPal, S. 5
[99] Vgl. Janson, Matthias, 2018: So mächtig ist Amazon in Deutschland
[100] Vgl. Deutscher Bundestag, 2016: Daten zur Marktposition von PayPal, S. 6

Das Hauptargument, mit dem PayPal wirbt, ist die Sicherheit. Dieser Faktor stellt eine Chance aus Sicht der Kunden dar. PayPal untermauert den Faktor Sicherheit mit drei Aspekten. Zum einen garantiert der Käuferschutz dem Kunden die Sicherheit, bei Missverständnissen oder bei Betrug das Geld für die Transkation zurückzuerlangen. Der zweite Faktor der Sicherheit sind die kostenlosen Rücksendungen. Bietet der Verkäufer keine kostenlose Rücksendung an, kann der Käufer PayPal kontaktieren, um eine kostenlose Retoure in Anspruch zu nehmen. Der letzte Faktor der Sicherheit bezieht sich auf die Datensicherung der Kunden. Aus diesem Grund werden keine Kontoinformationen an Händler weitergegeben. Unbefugte Zugriffe versucht PayPal zu verhindern. Weitere Chancen aus Kundensicht dieser Bezahlmethode ist die Simplizität des Einkaufens, begründet durch die Reduzierung der einzugebenden Komponenten (E-Mail-Adresse und Passwort). PayPal wirbt mit dem Vorteil der Geschwindigkeit, in der das Geld gesendet werden kann. Der letzte Vorteil mit dem PayPal auf seiner Website (www.paypal.com) wirbt, ist die Übersicht aller Zahlungen in der Applikation.

Nachteile sind in der Bezahlform von PayPal vor allem durch betrügerische Versuche dritter Parteien zu verzeichnen. Beispielsweise spielt die Hacker-Methode „Phishing" eine große Rolle bei Betrugsfällen bei PayPal. Betrügerische Websites werden an Kunden von PayPal gesendet, um über manipulierte Website-Strukturen E-Mail-Adresse und Passwort des Nutzers zu erschleichen.[101] Außerdem besteht das Risiko für die Kunden, dass PayPal die vertraulichen Kontoinformationen an dritte Parteien weitergibt. Eine Gewissheit hat der Kunde nicht über den Umgang mit den persönlichen Daten, da er deren Verwendung nach Einwilligung in die Allgemeinen Geschäftsbedingungen zustimmt.[102]

---

[101] Vgl. Jogatic, Tom, 2005: Social Phishing, S. 1 ff
[102] Vgl. Häring, Norbert, 2016: Schönes neues Geld

5 Vergleich der elektronischen Bezahlverfahren

Zum Vergleich von Mobile Payment mit weiteren elektronischen Bezahlverfahren eignen sich folgende Faktoren zur Differenzierung der Bezahlverfahren aus Nutzersicht: Sicherheit vor finanziellem Verlust, Akzeptanz, Kosten, Schnelligkeit, Anonymität, Ausgabenüberblick, Vertrautheit, Auslandseinsatz, Erhalt von Vergünstigungen und der Interneteinsatz.

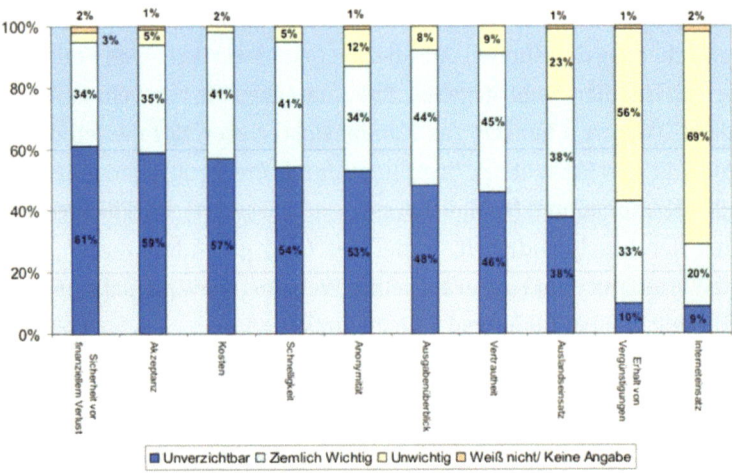

Abbildung 9: Bedeutung der Kriterien von Zahlungsinstrumenten aus Nutzersicht

Laut einer Studie der Deutschen Bank, ist die Sicherheit vor finanziellem Verlust bei 61% der befragten Teilnehmer das bedeutendste Kriterium aus Nutzersicht. Im Mobile Payment ist der Hauptaspekt, weswegen potenzielle Konsumenten Mobile Payment nicht nutzen, der Sicherheitsaspekt.[103] Angst vor Missbrauch der persönlichen Daten und des missbräuchlichen Verwendens Dritter stehen hierbei im Vordergrund. PayPal wirbt mit einer hohen Sicherheit, begründet durch den hauseigenen Käuferschutz, welchem dem Kunden die Angst vor Missbräuchen bei Online-Transaktionen nehmen soll.[104] Kartenzahlungen suggerieren trotz der voranschreitenden Digitalisierung Sicherheitsbedenken bei Konsumenten im Jahr 2017. 22% aller Nutzer von

---

[103] Vgl. Bartman, Dieter (o.A.): Die elektronische Geldbörse, S. 7
[104] Vgl. Weblink: Stand: 17.06.2019: https://www.paypal.com/de/webapps/mpp/features

bargeldlosen Zahlungsmethoden (einschließlich EC-/ Kreditkarten) betrachten die Thematik der Sicherheit mit Skepsis.[105] Eine Überweisung per Lastschriftverfahren über eine Einzugsermächtigung oder über den Abbuchungsauftrag, kann acht Wochen nach der Transaktion rückgängig gemacht werden, weswegen diese Bezahlmethode ebenfalls aus Kundensicht als sicher gilt.[106]

Der Faktor Akzeptanz wurde nach Studien der deutschen Bank als zweites unverzichtbares Kriterium für Zahlinstrumente analysiert. Um die Akzeptanz für vorliegende Bezahlmethoden untersuchen zu können, wurde diese anhand einer Analyse der Deutschen Bank für Zahlungen im Online-Handel und für Zahlungen im stationären Handel innerhalb von Deutschland analysiert. Bei Bezahlungen im Internet stellt sich die hohe Akzeptanz für die Bezahlmethode PayPal im Jahr 2017 mit einem Prozentsatz von 52% heraus. Das Lastschriftverfahren wurde bei Online-Einkäufen zu 27% genutzt. Kreditkarten wurden hingegen zu 24% genutzt. Mobile Payment-Modelle wurden zu einem Prozent für Online-Zahlungen verwendet. Die üblichste Variante des Bezahlens im Internet ist der Kauf per Rechnung oder per Überweisung. Diese Bezahlmethode wird bei freier Auswahl der Bezahlmethoden zu 57% verwendet.[107]

Um einen Einblick in die Verteilung der Zahlungsinstrumente im stationären Handel zu erlangen, analysierte GS1 Deutschland diese. Die Girocard wurde im Jahr 2017 zu 26,3% im stationären deutschen Einzelhandel genutzt. Die Kreditkarte vergleichsweise nur zu 6,5%. Das SEPA-Lastschriftverfahren (ELV) wurde im Jahr 2017 zu 12,6% genutzt.[108]

In den einzelnen Bereichen der elektronischen Bezahlverfahren variieren die Preise. Nach Abbildung 9 haben die Kosten der Bezahlmethoden einen hohen Einfluss auf die Nutzung. Im Mobile Payment wirbt der Großteil der Anbieter mit der kostenfreien Nutzung dieser Bezahlmethode. Beispiel hierfür ist

---

[105] Vgl. Handelsblatt, 2018: Alles auf eine Karte
[106] Vgl. Hamzehloe, Parissa, 2014: Mobile Payment, S. 18 f
[107] Vgl. Deutsche Bundesbank, 2017: Zahlungsverhalten in Deutschland 2017
[108] Vgl. Gs1 Germany, o.A.: Mobile Payment & SEPA Instant Payments, S. 5

Payback Pay.[109] EC-Karten werden im Rahmen der Kontoführung größtenteils kostenfrei von den Banken angeboten.[110] Bei Kreditkarten jedoch wird, falls nicht ein besonderes Angebot der Bank genutzt werden kann, eine jährliche Gebühr erhoben. Hieraus lässt sich die Hypothese ableiten, dass Kreditkarten wegen der Kosten, die diese Bezahlmethode verursacht, seltener genutzt werden. Im stationären Handel hat die Kreditkarte im Jahr 2017 lediglich einen Anteil von 6,5% aller Bezahlmethoden verzeichnet.[111] PayPal wirbt mit einer kostenfreien Nutzung seiner Bezahlmethode, welche als positiver Faktor für potenzielle Konsumenten wirken kann.[112] Lastschriftverfahren gelten für Konsumenten ebenfalls als kostengünstig bis kostenfrei, weswegen sich die zu vergleichenden elektronischen Bezahlmethoden nur geringfügig im Faktor Kosten unterscheiden. Kreditkarten sind zu allen Bezahlvarianten auffällig teurer.

Die Geschwindigkeit der Transaktion ist das nächste relevante Kriterium von Zahlungsinstrumenten aus Nutzersicht, welches zu 54% als unverzichtbar und zu 41% nach einer Studie der Deutschen Bank als bedeutsam angesehen wurde. Kreditkarten haben den Nachteil der verhältnismäßig langen Wartezeiten des Zahlungseingangs im Vergleich zu anderen elektronischen Bezahlverfahren.[113] PayPal wirbt mit der hohen Geschwindigkeit der Transaktion. Auch deswegen stellt PayPal im Online-Handel eine beliebte Bezahlmethode dar. Im Mobile Payment stellt Payback Pay ein Paradebeispiel für die Geschwindigkeit der Transaktionen am Point of Sale dar. Payback funktioniert über die NFC-Technologie und arbeitet über ein Lastschriftverfahren. Die Geschwindigkeit der Bestätigung der Transaktion über Payback Pay erfolgt nach wenigen Sekunden am Point of Sale. Die tatsächliche Abbuchung über das Lastschriftverfahren von dem hinterlegten Girokonto dauert

---

[109] Vgl. Gs1 Germany, o.A: Mobile Payment & SEPA Instant Payments, S. 6 f
[110] Vgl. Weblink: Stand: 17.06.2019: https://www.commerzbank.de/portal/de/seiten/girokonto/inhalt/startseite/kostenlosesgirokonto.html?gclid=CjwKCAjw0N3nBRBvEiwAHMwvNsNFPZPKQeHB8ebfJE4NjuiroJEsJqEfyvhM-bUpDMi3V9K47Y5IL-BoCe98QAvD_BwE
[111] Vgl. Gs1 Germany, o.A.: Mobile Payment & SEPA Instant Payments, S. 5
[112] Vgl. Lammer, Thomas, 2006: Handbuch: E Money, E- Payment & M- Payment, S. 241 ff
[113] Vgl. Lerner, Thomas, 2013: Mobile Payment, S. 11 ff

durchschnittlich zwei Werkstage. Die schnelle Bestätigung der Transaktion wirkt auf den Kunden als attraktiv.[114]

Der Faktor der Anonymität wird nach der Studie zu 53% als unverzichtbar und zu 34% als ziemlich wichtig aus Sicht der befragten Teilnehmer empfunden. Innerhalb des Bezahlsystems von PayPal werden Kontodaten für beide Parteien jeglicher Transaktion verschlüsselt, um die Daten der Nutzer zu schützen und anonym während des Bezahlprozesses zu bleiben.[115] Payback Pay eignet sich in diesem Fall ebenfalls sehr, um Mobile Payment in Bezug auf den Faktor Anonymität zu portraitieren. Innerhalb des Bezahlprozesses am Point of Sale über Payback Pay werden die Daten innerhalb eines QR-Codes anonym verschlüsselt, was zum einen die Sicherheit der Übertragung der Daten gewährleistet und zum anderen die Anonymität der Kontoinformationen für die beteiligten Teilnehmer des Bezahlprozesses sichtbar macht.[116] Zahlungen über EC- oder Kreditkarten sind nur bedingt anonym. Sowohl Händler als auch Käufer erhalten Kontoinformationen über die jeweils andere Partei, weswegen die Bezahlmethode nicht als anonym zu beurteilen ist. Vorteil der Kartenzahlungen ist, dass die Kontoinformationen und die persönlichen Daten innerhalb der beteiligten Personen der Transaktion bleiben.[117] In ein Lastschriftverfahren sind sowohl Gläubiger, Schuldner als auch eine Inkassostelle und eine Zahlstellte des Schuldners involviert. Aus dem Grund, dass bis zu vier beteiligte Parteien an einem Bezahlprozess teilnehmen, ist das Lastschriftverfahren bedingt anonym. Die Daten werden innerhalb der Parteien anonym gehalten.[118] Der Faktor Ausgabenüberblick ist zu 48% der Befragten unverzichtbar und zu 44% als ziemlich wichtig zu beurteilen. PayPal erstellt für alle getätigten Transaktionen eine monatliche Übersicht der Einkünfte und Ausgaben für den Nutzer.[119] Im Mobile Payment gibt es diverse Anbieter, die eine Ausgabenübersicht für ihre Nutzer erstellen, aber auch Anbieter,

---

[114] Vgl. Hierl, Ludwig, 2017: Mobile Payment: Grundlagen – Strategien – Praxis, S. 279 ff
[115] Vgl. Lammer, Thomas, 2006: Handbuch: E Money, E- Payment & M- Payment, S. 241 f
[116] Vgl. Hierl, Ludwig, 2017: Mobile Payment: Grundlagen – Strategien – Praxis, S. 74
[117] Vgl. Hamzehloe, Parissa, 2014: Mobile Payment, S. 19 ff
[118] Vgl. Hamzehloe, Parissa, 2014: Mobile Payment, S. 18 f
[119] Vgl. Lammer, Thomas, 2006: Handbuch: E Money, E- Payment & M- Payment, S. 240 f

welche diesen Service nicht anbieten. Aufgrund von vorherigen Vergleichen lässt sich in der Branche Mobile Payment Payback Pay am sinnvollsten mit zuvor beschriebenen elektronischen Bezahlverfahren vergleichen. Payback Pay stellt die Funktion der Ausgabenübersicht innerhalb ihrer Applikation zur Verfügung und benachrichtigt den Kunden zudem nach jeder Transaktion per E-Mail über die Kaufinformationen des getätigten Einkaufs.[120] Das Lastschriftverfahren verfügt grundsätzlich über keine Ausgabenübersicht, jedoch bieten Anbieter, die mit dem Lastschriftverfahren arbeiten, wie beispielsweise PayPal diese für die Kunden an. EC- und Kreditkarten-Nutzer erhalten eine Ausgabenübersicht von ihrer Bank innerhalb des Online-Bankings oder auf ihren Kontoauszügen.[121]

Der Faktor Vertraulichkeit ist für die Befragten zu 46% unverzichtbar, zu 45% ziemlich wichtig und zu 9% unwichtig. Vertraulichkeit ist ein Faktor, welcher als Kriterium für Bezahlinstrumente nicht messbar ist. Die einzelnen Anbieter der verschiedenen elektronischen Bezahlverfahren versuchen, Vertrauen mit einer möglichst hohen Sicherheitsgewährleistung den Kunden zu bieten. Der Faktor Auslandseinsatz ist nach der Befragung zu 38% unverzichtbar, zu 38% ziemlich wichtig und zu 23% unwichtig. In diesem Punkt erlangt die Kreditkarte einen hohen Stellenwert, da diese für internationale Zahlungen ausgelegt ist.[122] PayPal wirbt ebenfalls mit einem internationalen Transaktionsangebot. Innerhalb dieses Bezahlinstruments werden Währungen automatisch in Zielwährungen gerechnet, was dem Kunden einen Vorteil verschafft.[123] EC-Karten sind vor allem für eine nationale Verwendung oder den Einsatz im europäischen Ausland vorgesehen. Geld im Ausland vom Bankautomaten abzuheben, kostet in den meisten Fällen eine Gebühr.[124] Lastschriftverfahren funktionieren bei übereinstimmenden Rahmenbedingungen für internationale Transaktionen.

---

[120] Vgl. Hierl, Ludwig, 2017: Mobile Payment: Grundlagen – Strategien – Praxis, S. 268 ff
[121] Vgl. Beispielsweise: https://www.comdirect.de/cms/index.html
[122] Vgl. Philipowski, Rödiger, 2015: Umsatzsteuerrundschau
[123] Vgl. Lammer, Thomas, 2006: Handbuch: E Money, E- Payment & M- Payment, S 243 f
[124] Vgl. Pousttchi, Key, 2002: Acceptance criterias for mobile payment procedures

Der Faktor Erhalt von Vergünstigungen ist zu 56% unwichtig, zu 33% ziemlich wichtig und lediglich zu 10% unverzichtbar. In diesem Punkt kann vor allem der Mobile Payment-Anbieter Payback Pay durch sein hauseigenes Loyalitätsprogramm Personen, für die Vergünstigungen interessant sind, ansprechen.[125] PayPal versucht durch Marketing-Maßnahmen die Kunden vom Wert der Vergünstigungen zu überzeugen. Beispielsweise stellt das Unternehmen Coupons diverser Anbieter auf seine Homepage, die dem Kunden prozentuale Vergünstigungen verschaffen.[126] Banken bieten ebenfalls Vergünstigungen an. Beispielsweise belohnt die Commerzbank die Akquise eines neuen Kunden, der eine Debit-Karte beantragt, mit einer Endgeldzahlung.[127] Lastschriftverfahren bieten keine Vergünstigungen.

Der Faktor Interneteinsatz der Zahlungsmethoden ist laut einer Studie der Deutschen Bank zu 69% unwichtig, zu 20% ziemlich wichtig und zu 9% unverzichtbar. Auffällig ist das geringe Interesse an den Interneteinsatzmöglichkeiten. In diesem Punkt hat PayPal einen Vorteil, da das Unternehmen im Jahr 2014 zu 88% als beliebtestes Bezahlverfahren galt.[128] Payback Pay als Beispiel für mobiles Bezahlen hat innerhalb der Applikation einen ausgeprägten Internetauftritt. Lastschriftverfahren und EC- oder Kreditkarten haben durch die Banken und Anbieter einen Internetauftritt, der im Vergleich zu dem beliebtesten Bezahlverfahren im Internet (PayPal) relativ gering ausfällt.[129] Durch die geringe Bedeutung des Kriteriums Internetauftritt, setzen Anbieter auf die wesentlich relevanteren Merkmale wie Sicherheit, Akzeptanz, Kosten, Schnelligkeit oder Anonymität.

---

[125] Vgl. Hierl, Ludwig, 2017: Mobile Payment: Grundlagen – Strategien – Praxis, S 279 ff
[126] Vgl. Weblink, Stand: 17.06.2019: https://www.paypal.com/de/webapps/mpp/offers
[127] Vgl. Weblink, Stand: 17.06.2019: https://www.commerzbank.de/portal/de/seiten/girokonto/inhalt/startseite/kostenlosesgirokonto.html?gclid=CjwKCAjwlujnBRBlEiwAuWx4LV6xYK_HNcLzel1E5YkFM7zYjrlp545jffdw-XywSuhbkcJEzRmb8BoCIH8QAvD_BwE
[128] Vgl. kreditkarte.net (o.A.): Mobile Payment – Deutscher Handel, quo vadis?
[129] Vgl. Lammer, Thomas, 2006: Handbuch: E Money, E- Payment & M- Payment, S. 243

5.1 Bewertung

Aufgrund der erzielten Ergebnisse der vorliegenden Arbeit und persönlicher Einschätzungen in Bezug auf Mobile Payment im Vergleich zu weiteren elektronischen Bezahlverfahren, bewertet der Autor die Branche des Mobile Payment als voranschreitend. Die Akzeptanz des mobilen Bezahlens könnte sich durch die sich stetig weiterentwickelnde Technologie der Gesellschaft anpassen, so dass mobiles Bezahlen in zehn Jahren eine allgemein akzeptierte Bezahlform sein könnte. Andere elektronische Bezahlverfahren, wie beispielsweise PayPal, haben das Potenzial, aufgrund der erfolgreichen, an die Bedürfnisse der potenziellen Konsumenten angepassten Führung des Unternehmens, in Zukunft zunehmend Kunden zu gewinnen. Banken und Kreditkartenunternehmen passen sich aktuellen Bezahlformen an, um eine möglichst breite Masse mit dem Produktportfolio erreichen zu können.

Besonders auffällig ist das Ergebnis der eindeutigen Eintrittsbarrieren aus Kundensicht in Mobile Payment. Diese bestehen zum Großteil aus der vermeintlich geringen Sicherheit der Bezahlmethode. Eintrittschancen in das Mobile Payment sind größtenteils Komfort, Kontrolle und Sicherheit.

Der Autor sieht das Modell Mobile Payment als zukünftige Bezahlmethode.

5.2 Ausblick

Der Ausblick der elektronischen Bezahlverfahren basiert auf wissenschaftlichen Prognosen. Beispielsweise führte PwC eine Marktanalyse im Jahr 2014 zum Thema Mobile Payment durch. Es sollten Erkenntnisse zum Marktpotenzial und den Erfolgsfaktoren gewonnen werden. Nach den Ergebnissen von Studien und Prognosen wird im Jahr 2020 die „Kundenbasis für mobile Bezahlsysteme über 11 Millionen Endverbraucher in Deutschland" erreichen.[130] Nach dieser Prognose werden im B2C-Segment die Jahresumsätze pro Kunde lediglich 46 Euro sein. Zusätzlich wird das Marktvolumen für PayApps in Deutschland nach Schätzungen auf eine Milliarden Euro steigen. Außerdem kristallisieren sich drei bis fünf Anbieter für das Mobile Payment

---

[130] Zit. PwC, 2014: Mobile Payment in Deutschland 2020

heraus, welche nach Prognosen von PwC Marktführer sein werden. Der B2B-Markt wird sich in der Branche Mobile Payment soweit vergrößern, dass dieser die Hälfte des Marktes ausmacht.[131]

Eine Studie von Oxford Economics im Jahr 2016 analysierte, wie Verbraucher die Entwicklung mobiler Zahlungen in den nächsten drei Jahren einschätzen. Erhoben wurden die Einschätzungen der Verbrauchergruppen unter 50 Jahren und 50+. 46% der unter 50-Jährigen und 36% der über 50-Jährigen prognostizierten einen Anstieg der mobilen Zahlungen.

Die unveränderte Nutzung mobiler Zahlsysteme erwarten 32% der unter 50-Jährigen und 34% der über 50-Jährigen.

Das die Verwendung mobiler Zahlsysteme in den nächsten drei Jahren rückläufig sein wird, erwarten 22% der unter 50-Jährigen und 28% der über 50-Jährigen.[132]

In einer Reportage über Mobile Payment wurde folgende Hypothese formuliert: „Die alte Form des Geldes kommt nie mehr zurück."[133] Belege für diese Aussage gibt es zwar nicht, aber es ist davon auszugehen, dass die Branche sich der voranschreitenden Digitalisierung anpassen wird und somit technologische Neuheiten integrieren kann.

5.3 Fazit

Zusammenfassend lässt sich aus den zuvor erörterten Punkten schließen, das das Mobile Payment in Deutschland noch über große Entwicklungsmöglichkeiten und -chancen verfügt und das Potenzial noch nicht ausgeschöpft ist. Mobile Payment wird im Jahr 2019 vom Kunden immer noch skeptisch betrachtet. Ausschlaggebend für diese Skepsis ist der Faktor der vermeintlich geringen Sicherheit dieser Bezahlmethode. Die These, dass das Sicherheitsargument im Mobile Payment die größte Eintrittsbarriere aus Kundensicht darstellt, hat sich innerhalb der Arbeit als richtig bestätigt.

---

[131] Vgl. PwC, 2014: Mobile Payment in Deutschland 2020
[132] Vgl. kreditkarte.net (o.A.): Mobile Payment – Deutscher Handel, quo vadis?
[133] Zit. Jannsen, Jan- Keno, 2016: Bye-bye, Bargeld: Mit dem Smartphone bezahlen, S. 123

Durch die steigenden Mobile Payment-Nutzerzahlen lässt sich allerdings die zunehmende Akzeptanz neuartiger Bezahlmethoden herausstellen. Anbieter passen ihre Marketing-Maßnahmen den Eintrittsbarrieren der Kunden an. Im Mobile Payment-Marketing stehen die Faktoren Sicherheit, Komfort und Kontrolle im Vordergrund. Weitere elektronische Bezahlverfahren wie EC- und Kreditkarten passen sich den Entwicklungen des mobilen Bezahlens an. Banken und Kreditkartenunternehmen bieten ebenfalls Mobile Payment-Modelle an, um im Markt konkurrieren und bestehen zu können.

Die einzelnen elektronischen Bezahlverfahren lassen sich aus Kundensicht in den wesentlichen Punkten Sicherheit, Akzeptanz, Kosten, Schnelligkeit, Anonymität, Ausgabenüberblick, Vertrautheit, Auslandseinsatz, Erhalt von Vergünstigungen und Interneteinsatz vergleichen. Kreditkarten sind vor allem für Auslandstransaktionen geeignet, wobei allerdings sowohl Gebühren für den Einsatz als auch für die Karten an sich anfallen. EC-Karten sind bei Inlands-transaktionen sehr beliebt. Die Plattform PayPal bietet eine sichere Variante im Internet, Transaktionen zu tätigen. Durch den Käuferschutz ist jede Transaktion versichert. PayPal hat zudem einen ausgewogenen Internetauftritt und wirbt mit Vergünstigungen und hoher Geschwindigkeit bei der Durchführung der Transaktionen. Lastschriftverfahren sind vor allem für sichere Transaktionen zu verwenden, da der bezahlte Betrag in einem bestimmten Zeitraum zurückgefordert werden kann. Im Mobile Payment-Segment gibt es eine große Anzahl an Anbietern, die jeweils individuelle Mobile Payment-Lösungen vermarkten. Chancen für Mobile Payment-Modelle sind vor allem die Schnelligkeit und die Bequemlichkeit.

Literaturverzeichnis

BACHLER, Alexandra, 2014: Offline-Sein als Bedürfnis: Vom Megatrend zum Geschäftsmodell anhand einer qualitativen Analyse von österreichischen Managerinnen, Masterarbeit (Stand: 16.06.2019) https://books.google.de/books?id=e-ZiDQAAQBAJ&pg=PA11&lpg=PA11&dq=munich+digital+institute+mobile+endgeräte+lokalisierbarkeit+erreichbarkeit&source=bl&ots=IFGJOhdX3c&sig=ACfU3U0RPp4qgj6-nrPYivYqUE8DeOzxqA&hl=de&sa=X&ved=2ahUKEwjnwqeX1IviAhUv06YKHRQsARUQ6AEwCXoECAgQAQ#v=onepage&q=munich%20digital%20institute%20mobile%20endgeräte%20lokalisierbarkeit%20erreichbarkeit&f=false

BAGOZZI, Richard P., Goppinath Mahesh, Nyer, Prashanth U., 1999: The Role of Emotions in Marketing, o.O.

BARTMANN, Dieter und Fotschki, Christiane, o.A.: Die elektronische Geldbörse, Bonn

CONTINUS, Robin, Martignoni Robert, o.A.: Mobile Payment im Spannungsfeld von Ungewissheit und Notwendigkeit, Hamburg (Stand: 16.06.2019) https://pdfs.semanticscholar.org/7212/d779036b2cbe8cf545b77fa2a0b56da3dd11.pdf

DEUTSCHE BUNDESBANK, 2009: Zahlungsverhalten in Deutschland (Stand: 16.06.2019) https://www.bundesbank.de/resource/blob/668508/f49f5ecc67815ff8c7712419e5d1f6b3/mL/zahlungsverhalten-in-deutschland-2009-zusammenfassung-data.pdf

DEUTSCHE BUNDESBANK, (Hrsg. Carl-Ludwig Thiele) 2017: Zahlungsverhalten in Deutschland 2017: Vierte Studie über die Verwendung von Bargeld und unbaren Zahlungsinstrumenten. (Stand: 16.06.2019) https://www.bundesbank.de/resource/blob/634056/8e22ddcd69de76ff40078b31119704db/mL/zahlungsverhalten-in-deutschland-2017-data.pdf

DEUTSCHER BUNDESTAG, 2016: Daten zur Marktposition von PayPal, Berlin (Stand: 16.06.2019) https://www.bundestag.de/resource/blob/434296/5dbc531d88cd738eccbe2e9b8079f1d1/wd-4-059-16-pdf-data.pdf

GRÜNDERSZENE, (o.A.): Digitalisierung, Definition Lexikon https://www.gruenderszene.de/lexikon/begriffe/digitalisierung?interstitial

GS1 GERMANY, (Hrsg. Ercan Kilic) 2018.: Mobile Payment & SEPA Instant Payments: Die Zukunft im Zahlungsverkehr, Köln (Stand: 16.06.2019) https://www.gs1-germany.de/fileadmin/gs1/basis_informationen/whitepaper_mobile_payment_und_sepa_instant_payments.pdf

HANDELSBLATT, 2018: Alles auf eine Karte. In Zusammenarbeit mit Statista https://www.handelsblattmachtschule.de/fileadmin/PDF/Sonstiges/Infografik-pdfs/Bargeldloser_Zahlungsverkehr_Seiten_24_25_Handelsblatt_2018-01-31.pdf

HAMZEHLOE, Parissa, 2014: Mobile Payment: Akzeptanz eines Mobile-Payment als Substitution für Bargeld in Deutschland, Hamburg

HÄRING, Norbert, 2016: Schönes neues Geld. PayPal, WeChat, Amazon Go Uns droht eine totalitäre Weltwährung

HENKEL, Joachim, 2002. Mobile Commerce: Grundlagen, Geschäftsmodelle, Erfolgsfaktoren, Wiesbaden

HIERL, Ludwig (Hrsg. Stefanie Burgmeier, Stephanie Hüthig), 2017: Mobile Payment: Grundlagen – Strategien – Praxis, Wiesbaden

JANNSEN, Jan- Keno, 2016: Bye-bye, Bargeld: Mit dem Smartphone bezahlen, S. 120 – 128

JANSON, Matthias, 2018: So mächtig ist Amazon in Deutschland. In Statista (Stand: 16.06.2019) https://de.statista.com/infografik/16018/marktanteile-von-amazon-in-deutschland/

JOGATIC, Tom, Johnson, Nathaniel, Jakobsson, Markus, Menczer Filippo, 2005: Social Phising. Bloomington (Stand: 16.06.2019) http://www.markus-jakobsson.com/papers/jakobsson-commacm07.pdf

KREDITKARTE.NET (o.A.): Mobile Payment – Deutscher Handel, quo vadis? (Stand: 16.06.2019) https://www.kreditkarte.net/mobile-payment/

LAMMER, Thomas, 2006: Handbuch E- Money, E- Payment & M- Payment. Wien

LERNER, Thomas, 2013: Mobile Payment: Technologien, Strategien, Trends und Fallstudien, Hamburg

METZGER, Jochen (o.A.): Mobile Zahlungen, Ausführliche Definition. Wiesbaden (Stand: 16.06.2019) https://wirtschaftslexikon.gabler.de/definition/mobile-zahlungen-41655

METZGER, Jochen (o.A.): Virtuelle Währung: Ausführliche Definition. Wiesbaden (Stand: 16.06.2019) https://wirtschaftslexikon.gabler.de/definition/virtuelle-waehrung-54174

PHILIPOWSKI, Rödiger, 2015: Deutsche Umsatzsteuer für die Benutzung einer Kredit- oder Debitkarte im Ausland? Köln (16.06.2019) https://search.proquest.com/openview/973aae6b3b39620389580958f916d63c/1?pq-origsite=gscholar&cbl=2038873

POUSTTCHI, Key, Selk, Bernhard, Turowski, Klaus, 2002: Acceptance criterias for mobile payment procedures. Augsburg (16.06.2019) https://mpra.ub.uni-muenchen.de/3785/1/MPRA_paper_3785.pdf

PWC (o.V.) (Hrsg. Dr. Nikolas Beutin, Raphael Heiner, Martin Förster, Lennart Einemann und Christian Fuchs), 2014: Mobile Payment in Deutschland 2020: Marktpotenzial und Erfolgsfaktoren, München (Stand: 16.06.2019) https://www.pwc.de/de/digitale-transformation/assets/pwc-analyse-mobile-payment.pdf

Literaturverzeichnis

STATISTA, 2019: Haben sie schon einmal bargeldlos mit ihrem Smartphone/ Tablet bezahlt? (Stand: 16.06.2019) https://de.statista.com/statistik/daten/studie/568411/umfrage/umfrage-zur-nutzung-von-mobile-payment-in-deutschland-nach-alter/

STATISTA, 2015: Statistiken zu Kreditkarten (Stand: 16.06.2019) https://de.statista.com/themen/108/kreditkarten/

STATISTA, 2017: Zahlungskartenbesitz in Deutschland in ausgewählten Jahren von 2008 bis 2017 (Stand: 16.06.2019) https://de.statista.com/statistik/daten/studie/473151/umfrage/umfrage-zum-zahlungskartenbesitz-in-deutschland/